普通高等教育“十二五”应用型本科规划教材

ERP企业经营沙盘模拟实验

中国高等教育学会　组织编写
主编　王小燕　林伟君　田小丹　尚晓玲

中国人民大学出版社
·北京·

图书在版编目（CIP）数据

ERP企业经营沙盘模拟实验/王小燕等主编；中国高等教育学会组织编写. —北京：中国人民大学出版社，2014.3

ISBN 978-7-300-19042-6

Ⅰ.①E… Ⅱ.①王… ②中… Ⅲ.①企业管理—计算机管理系统—教材 Ⅳ.①F270.7

中国版本图书馆CIP数据核字（2014）第045183号

普通高等教育“十二五”应用型本科规划教材
ERP企业经营沙盘模拟实验
中国高等教育学会 组织编写
主编 王小燕 林伟君 田小丹 尚晓玲
ERP Qiye Jingying Shapan Moni Shiyan

出版发行	中国人民大学出版社		
社　　址	北京中关村大街31号	**邮政编码**	100080
电　　话	010－62511242（总编室）		010－62511770（质管部）
	010－82501766（邮购部）		010－62514148（门市部）
	010－62515195（发行公司）		010－62515275（盗版举报）
网　　址	http://www.crup.com.cn		
	http://www.ttrnet.com（人大教研网）		
经　　销	新华书店		
印　　刷	北京密兴印刷有限公司		
规　　格	185 mm×260 mm 16开本	**版　　次**	2014年3月第1版
印　　张	10.25	**印　　次**	2018年2月第3次印刷
字　　数	224 000	**定　　价**	20.50元

前　言

随着社会对应用型人才需求的不断增加，各高校越来越重视对学生实践能力与创新能力的培养。ERP 沙盘软件作为高校实验教学软件之一，逼真、全面地体现了企业的经营理念、展现了企业的管理流程，加之高度的趣味性、对抗性、创新的团队式学习方式以及新颖的体验式教学方法，深受广大学生的喜爱。伟大的管理学家西蒙说过，管理即是决策，这一点在 ERP 沙盘中得到了最好的诠释。学生在整个实验过程中要作出上百次的决策，而决策的结果直接影响模拟经营的结果。教学中我们发现，拍脑袋式的决策随处可见，这大大降低了决策的效果。为此，在本书编写中，我们将以下两点贯穿全书：一是理论对实践的指导作用；二是决策过程的科学性。

本书共分为五篇：

第一篇，背景篇。该篇主要介绍了 ERP 的概念和发展历史，使学生对该课程的理论背景有一个初步了解。

第二篇，实验平台篇。该篇主要介绍了课程实验环境，通过将其分解为六个学习任务，即 ERP 沙盘认知、金蝶 ERP 沙盘教具认知、模拟企业认知、模拟企业经营流程学习、模拟运营规则学习、模拟经营结果评分规则学习，使学生逐步了解 ERP 沙盘实验的原理和掌握金蝶实物沙盘的使用方法。

第三篇，实验篇。该篇包括组建团队、企业模拟年运营、解读市场预测图、企业经营模拟四个实验。通过该篇的学习，学生能够掌握市场预测图信息的分析与应用，同时体验以团队方式完成企业经营的全过程，实现从知识到能力的转化。同时，通过填写经过逻辑设计的相关表格，培养学生分析问题和科学决策的能力。

第四篇，知识篇。该篇介绍了实验中涉及的关于团队、财务报表、市场预测、ERP 计划、营销管理、预算管理等方面的理论知识，旨在强调理论对实践的重要性，使学生能够做到学以致用。

第五篇，企业案例篇。教学中我们深深地体会到，学生在模拟经营中出现的失误与现实企业经营中出现的失误非常相似。为此，我们特意编排了三个典型的企业案例，希望学生通过这些案例的学习，避免在经营中犯同样的错误。

书中的附录部分包括团队展示结果评分表、九组市场预测图、重要经营规则汇总、实验报告模板、物理沙盘预习测试习题，以便于教师及学生使用。

在本书的编写过程中，吴茵、蔡敏容、胡梅、李尘等老师在文字编写与数据检验中做了大量工作，阮俊杰、张少成等学生贡献了他们在实验中获得的宝贵经验，在此表示衷心感谢！

由于编者水平有限，书中难免存在疏漏和不足之处，希望广大教师、读者多提宝贵意见，以便日后充实与完善。

王小燕

2014 年 1 月

目 录

第一篇 背景篇

第二篇 实验平台篇

第五篇　企业案例篇

附录

第一篇

背景篇

ERP

任　务

认识 ERP

第一节　ERP 的概念

企业资源计划（Enterprise Resource Planning，简称 ERP）是当今企业经营和管理技术进步的代表，由美国著名的计算机技术咨询和评估集团 Garter Group 于 20 世纪 90 年代初期提出。ERP 是指企业以客户为中心，利用信息技术对企业的物流、资金流、人流、信息流进行统一管理，通过将客户需求、企业内部的生产经营活动以及外部供应商资源整合在一起，以求最大限度地利用企业现有资源，实现企业经济效益的最大化。

ERP 从供应链管理的角度去优化企业资源，对于改善企业业务流程、提高企业核心竞争力具有显著作用。作为当今最为先进的企业管理模式之一，它在体现当今世界最先进的企业管理理论的同时，也提供了企业信息化集成的最佳解决方案，因而它是现代信息技术与先进企业管理理论和管理思想的完美结合。

第二节　ERP 的发展历史

在发达国家 ERP 从 20 世纪 90 年代中期开始普及，而中国从 21 世纪初进入 ERP 普及应用时期。纵观 ERP 的发展过程，它主要经历了四个阶段：订货点法、物料需求计划、制造资源计划和企业资源计划。

一、订货点法

20 世纪 30 年代之前，企业为了维持正常生产，一般会有相应的原材料和产成品库存。

由于企业很少考虑物料计划，致使其面临一个矛盾：一方面企业为了避免缺料断货不能正常生产，常常需要多备库存，从而导致了企业成本和费用的增加；另一方面企业又需要提高资金利用率，加快资金周转，这就客观上要求减少对库存的积压。

为了解决这一矛盾，20 世纪三四十年代，企业开始使用订货点法。所谓订货点法，是指某种物料或产品会随着生产或销售逐渐减少，当其库存量降低到某一预先设定的点时，即开始发出订单（采购单或加工单）进行补充，直至库存量达到安全库存量时，已发出订单所订购的物料或产品也刚好入库，这一订货的数值点称为订货点。即：

订货点＝单位时段的需求量×订货提前期＋安全库存量

但订货点法存在两个弊端：第一，只考虑了单个物料，没有考虑物料之间的相互联系。事实上产品物料之间存在着一定的配比关系，例如，一个汽车底盘，一定要配四个轮子，如果只有三个轮子或者五个轮子而一个汽车底盘也没有，这样的库存结构就不合理，会造成库存物料积压。第二，假设物料消耗率和订货提前期不变也与企业实际的生产不符。

二、物料需求计划

到 20 世纪 60 年代，IBM 公司对企业产品结构（Bill of Material，简称 BOM）进行了深入研究，提出了物料需求计划（Material Requirement Planning，简称 MRP）。MRP 把企业中涉及的所有产品、原材料、零部件、中间件等在逻辑上统一视为物料，并将企业物料划分为独立需求物料和相关需求物料两类。其中，对独立需求物料的需求是由企业外部的需求（如客户订单、市场预测）决定的；而对相关需求物料的需求是由独立物料的需求和 BOM 决定的。同时，MRP 将产品 BOM 放到时间轴上，通过考虑独立需求物料和相关需求物料的加工提前期及采购提前期，计算出不同时间段上各个物料的需求量和采购量，这样就可以合理地安排不同时间段内各个物料的生产量和采购量，从而一方面确保了生产的稳定性，减少了缺料断货的现象；另一方面实现了对企业库存结构的优化，降低了物料库存量，减少了对资金的占用。

但在企业生产过程中又遇到了一个新问题，即经常会出现当订单很多时，产能安排得不好。有的订单要提前交货，却被安排到较晚生产，导致客户对企业极大的不满和抱怨；有的订单不那么急，却被早早生产出来放在仓库，造成库存的积压。

直至 20 世纪 70 年代，管理者才认识到这一问题的产生，是因为没有考虑企业自身的生产加工能力。企业虽然知道在每个时间段里需要加工和生产的物料数量，但却不知道在此时间段里，企业是否有生产能力将这些物料加工生产出来，也就是说物料需求和生产加工能力之间没有实现配比和平衡。这种需求和能力之间的平衡，不仅要在较长的时间段内（如一个月，一个季度）进行配比和平衡，而且要在较短的时间段内（如半个月，一天）取得配比和平衡。

为了解决这一问题，在 20 世纪 70 年代时 MRP 发展为闭环 MRP。闭环 MRP 除了物料需求计划外，还将生产能力需求计划、车间作业计划和采购计划全部纳入 MRP。由于在生产过程中，综合考虑了需求和能力因素，通过调节能力，最大限度地满足生产订单需求；同时在生产能力无法继续调节的情况下，通过调节生产订单需求，使得需求和能力达到了平衡和协调，形成了一个管理和信息的闭环。

三、制造资源计划

闭环 MRP 通过对需求和生产能力的综合考虑，基本上解决了生产排产混乱的问题，但是又有一个问题接踵而至，即企业知道需要生产什么产品，什么时候开始生产，同时也知道是否有能力生产，但企业却不知道生产出这些产品后，是否能给企业带来效益，带来多少效益。

为了解决这一问题，20 世纪 80 年代出现了制造资源计划（Manufacturing Resource Planning，MRPⅡ），它是对制造业企业的生产资源进行有效计划的一整套生产经营管理计划体系，是一种计划主导型的管理模式。企业管理者将财务会计同企业内部供应链结合在一起来考虑，看看内部供应链各环节运行之后，在财务上是如何表现的，对企业整体经营状况会有哪些影响。他们通过结合财务会计信息，同时通过对业务运行方案的模拟，得出不同方案下不同的财务结果，从而进行有效的财务及业务经营决策，最终实现对整个企业内部运营和管理的有序与协调。MRPⅡ将 MRP 的信息共享程度扩大，使生产、销售、财务、采购紧密地结合在一起，共享有关数据，组成了全面生产管理的集成优化模式。

四、企业资源计划

MRPⅡ虽然解决了企业内部的主要矛盾，但没有涉及企业内部更深层次的一些问题，例如，质量如何控制，人力资源如何管理等；同时也没有涉及企业外部的问题，例如，企业如何与供应商建立战略合作关系，通过联系与协作降低企业采购成本；企业如何加强与客户的交流和沟通，更加有效和快速地满足客户需求，提高客户满意度。因此，在 20 世纪 90 年代，出现了企业资源计划（Enterprise Resource Planning，简称 ERP）。

ERP 在 MRPⅡ的基础上，不但将企业管理的其他诸多方面考虑进来，而且更重要的是，它将管理范围从企业内部扩展到企业外部，通过加强企业与客户、企业与供应商、企业与相关合作伙伴之间的联系和协作，使企业及企业所处的外部供应链运行效率提高，运行成本更低，也使企业同其他利益相关者实现双赢或多赢。

ERP 的核心思想主要体现在以下三个方面：

第一，管理整个供应链资源。现代企业间的竞争不再是单个企业与单个企业之间的竞争，而已经演变为一条供应链与另一条供应链之间的竞争。企业仅靠自己的资源不可能有效地参与市场竞争，它必须把经营过程中的有关各利益方（如供应商、制造商、分销网络、客户等）纳入到一个供应链中，才能有效地安排企业自身的产、供、销活动，从而满足企业利用全社会一切市场资源快速、高效地进行生产经营的需求，使之在市场上获得竞争优势。

第二，精益生产与敏捷制造。ERP 的管理思想表现在两个方面：一是“精益生产”，企业按大批量生产方式组织生产时，要把客户、销售商、供应商、协作单位等纳入生产体系，要同他们从简单的业务关系变为利益共享的合作伙伴关系，组成企业的供应链。二是

“敏捷制造”，当市场发生变化，企业遇到新的机会，企业的合作伙伴不一定能满足新产品开发生产的要求，企业会组织一个由特定的供应商和销售渠道组成的短期或一次性供应链，形成“虚拟工厂”，把供应和协作单位看成是企业的一个组成部分，运用“同步工程”方式组织生产活动，用最短的时间将新产品打入市场，时刻保持产品的高质量、多样化和灵活性。

第三，事先计划与事中控制。ERP 系统中的计划体系主要包括：主生产计划、物料需求计划、能力计划、采购计划、销售执行计划，经营预算、财务预算等，并且这些计划功能与价值控制功能已经完全集成到整个供应链系统中，保证了企业对生产经营活动的事先控制。同时，ERP 系统通过定义事务处理相关会计核算科目与核算方式，在事务处理发生时会自动生成会计核算分录，保证了资金流与物流的同步记录和数据的一致性，从而实现了根据财务资金的现状追溯资金的来龙去脉，并进一步追溯所发生的相关业务活动，改变了资金信息滞后于物料信息的状况，便于实现事中控制和实时决策。

总之，在 ERP 发展过程中，计划贯穿于其中，只是在不同发展阶段，计划的对象、计划的范围、计划的内容、计划的层次在不断扩大或扩展。

第二篇

实验平台篇

ERP

任务一

ERP 沙盘认知

第一节　ERP 沙盘的产生与发展

据说秦在部署灭六国时，秦始皇亲自堆制沙盘研究各国地理形势，在李斯的辅佐下，派大将王翦进行统一战争。南朝宋范晔撰《后汉书·马援传》记载：汉建武八年（公元 32 年）光武帝征伐天水、武都一带地方豪强隗嚣时，大将马援“聚米为山谷，指画形势”，使光武帝顿有“虏在吾目中矣”的感觉，这就是最早的沙盘作业。19 世纪末 20 世纪初，沙盘因立体感强、形象直观、制作简便、经济实用等特点，被广泛应用于军事训练，供指挥员研究地形和作战方案以及演练战术使用。

随着高校对学生实践能力培养的需要，沙盘开始应用于高校实践教学，开发商开发了各种功能的沙盘，ERP 沙盘就是其中之一。ERP 沙盘利用实物沙盘，直观、形象地展示企业的主要资源，它不但展示了厂房、设备、仓库、物料、资金、职员、订单等企业的各种内部资源，还展示了上下游的供应商、客户和其他合作组织，甚至为企业提供了各种服务的政府管理部门和社会服务部门等企业外部资源。

ERP 沙盘在 1978 年被瑞典皇家工学院的 Klas Mellan 开发出之后，迅速风靡全球，例如，德国埃森大学 2000 年在其研究生教学中就使用 ERP 沙盘教学方法进行教学；加拿大蒙特利尔大学 2006 年通过 ERP 软件进行 ERP 教学；南加州大学 2008 年开设“ERP 模拟游戏”课程，运用 SAPECC 系统来展示不同商业活动之间的关系。目前，国际上许多知名商学院和一些管理咨询机构都在使用 ERP 沙盘对职业经理人、MBA、经济管理类学生进行培训，以期提高他们在实际经营环境中的决策和运作能力。

ERP 沙盘在 20 世纪 90 年代初期被引入我国，一开始主要用于对企业中高层管理者的培训。21 世纪初，用友、金蝶等软件公司相继开发出 ERP 物理沙盘和 ERP 电子沙盘，并将它推广到高等院校实验教学中。

第二节 ERP沙盘模拟

一、ERP沙盘模拟课程简介

ERP沙盘企业经营模拟，简称ERP沙盘模拟，就是以ERP沙盘为实验平台，应用先进的企业经营与管理技术的ERP理论来模拟生产企业的整体运营过程，即企业战略规划、产品研发、设备投资与改造、生产能力规划与排产、物料需求计划、资金需求计划、市场与销售、财务核算与管理等。在ERP沙盘模拟实验中，学生按5～6人划分为一组，每个组分别代表一家虚拟的生产制造企业。每个小组成员将分别担任公司的重要职位，例如，执行总裁、财务总监、市场总监、生产总监和采购总监等，完成6～8个会计年度的企业经营活动，组间还要在客户、市场、资源等方面开展一番真正的对抗与较量。

ERP沙盘模拟作为一种体验式教学方式，集理论与实践于一体，可全面提高学生的综合素质，具体表现在以下几点：

（1）可帮助学生站在企业高层领导的角度，认清企业运营状况，建立企业运营的战略视角，使学生了解企业中物流、资金流、信息流如何做到协调统一，认识到ERP系统对于提升公司管理的价值。

（2）可以帮助学生站在中层管理人员的角度，了解企业整个的运作流程，培养其全局和长远的策略意识，同时了解各部门的决策对企业整体业绩产生的影响。

（3）可以帮助学生站在一线主管的角度，认识到企业资源的有限性、企业一线生产研发等部门之间的紧密联系，从而提升其策略性思考能力。

（4）可以帮助学生站在企业员工的角度，从市场、财务、业务、工作流程等相关角度深入理解企业的资源运营。

（5）可以帮助学生提高其团队协作意识，提升沟通能力和沟通技巧。学生在模拟企业实际运营过程中，要经常进行沟通、协商，这有助于培养学生的沟通协调能力，并能学会团队合作。

二、ERP沙盘模拟课程的特点

（1）趣味性强。企业管理课程一般都具有很强的实践性和应用性特点，而单纯的理论教学往往会使学生觉得过于枯燥。而沙盘模拟教学不同，它通过学生亲自动手使用各种沙盘教具模拟企业实际运营让其觉得学习不再是“纸上谈兵”，而是一件充满乐趣的事情。

（2）体验实战。“ERP沙盘模拟”课程是让学生通过“做”来“学”，每位学生以实际参与的方式亲自体验企业商业运作的模式。这种体验式教学能使学生学会收集信息并在将来应用于实践。

（3）团队合作。“ERP沙盘模拟”课程与传统管理课程的教学组织模式不同，它要求学生以小组形式，通过团队合作共同完成课程学习。

（4）看得见，摸得着。“ERP沙盘模拟”课程将企业结构和管理的操作全部展示在模拟沙盘上，把复杂、抽象的经营管理理论以最直观的方式让学生体验、学习，从而使学生对所学内容理解得更透，记忆得更深。

（5）想得到，做得到。传统的企业管理教学中学生的一些想法和理念只能是想想而已，而“ERP沙盘模拟”课程却能让学生把自己的想法和经营理念在企业模拟经营中进行充分地体验，并能看到自己的经营决策产生的实际效果，从而充分发挥学生的聪明才智。

任务二

金蝶ERP沙盘教具认知

ERP沙盘模拟教学需要依赖沙盘教具，下面，我们主要介绍金蝶企业提供的ERP沙盘教具。

第一节 ERP沙盘盘面

ERP沙盘盘面按照生产制造企业的主要职能部门的设置划分为四个职能中心，分别为营销与规划中心、生产中心、物流中心和财务中心，如图2—1所示。各职能中心覆盖了企业运营的所有关键环节：战略规划、市场营销、生产管理、采购管理、库存管理、财务管理等。

一、营销与规划中心

在盘面上，营销与规划中心主要包括三个区域：市场开拓规划区域、产品研发规划区域和ISO认证规划区域。

市场开拓规划区域：确定企业需要开发哪些市场，模拟企业已经进入本地市场，可供选择开拓的市场主要有区域市场、国内市场、亚洲市场和国际市场。

产品研发规划区域：确定企业需要研发哪些产品，模拟企业已经研发完成产品Beryl，可供选择研发的产品有Crystal、Ruby和Sapphire。

ISO认证规划区域：确定企业需要争取获得哪些产品认证，包括ISO9000质量认证和ISO14000环境认证。

二、生产中心

生产中心主要由厂房、生产线、产品标识和设备价值区四个部分构成。

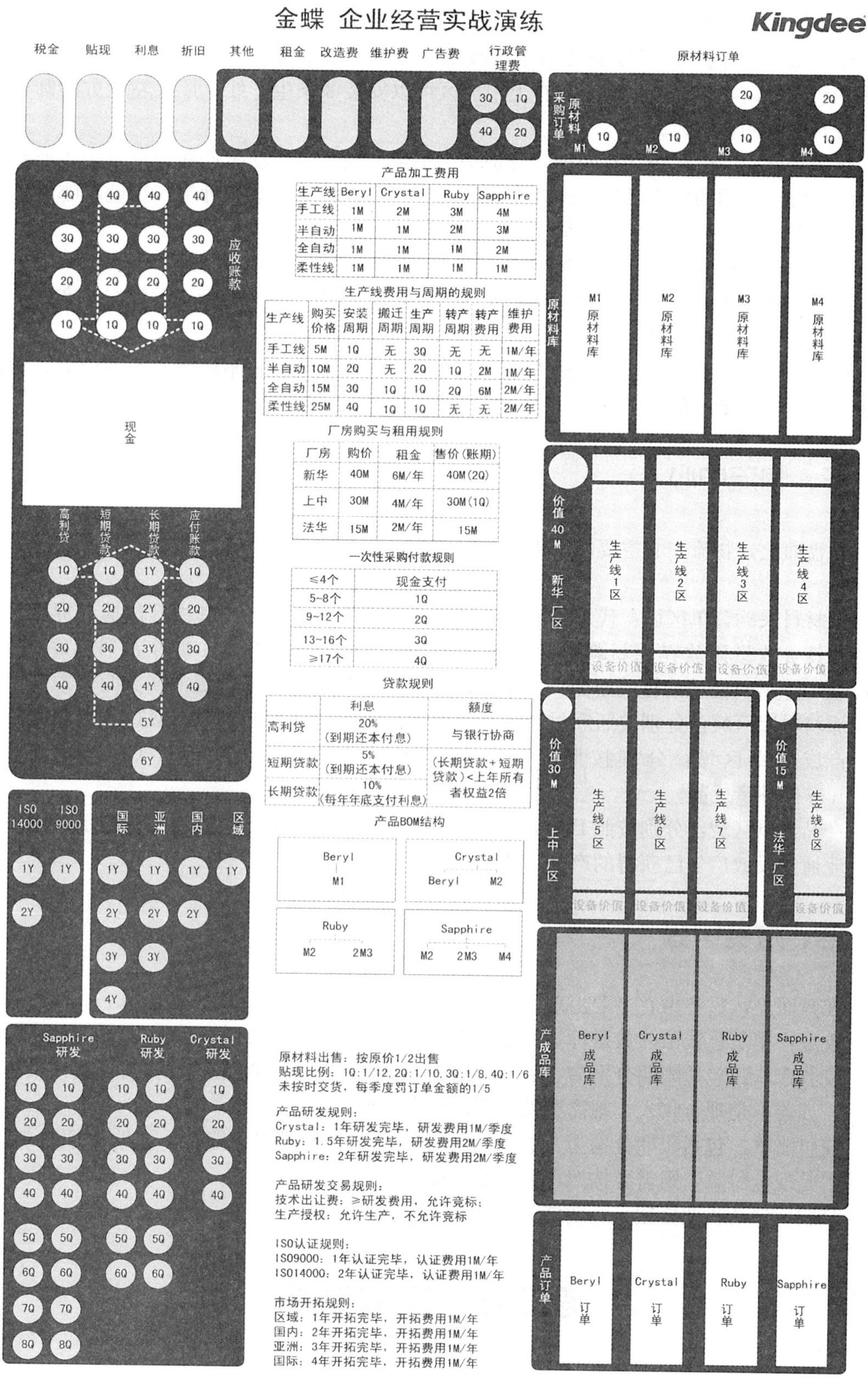

产品加工费用

生产线	Beryl	Crystal	Ruby	Sapphire
手工线	1M	2M	3M	4M
半自动	1M	1M	2M	3M
全自动	1M	1M	1M	2M
柔性线	1M	1M	1M	1M

生产线费用与周期的规则

生产线	购买价格	安装周期	搬迁周期	生产周期	转产周期	转产费用	维护费用
手工线	5M	1Q	无	3Q	无	无	1M/年
半自动	10M	2Q	无	2Q	1Q	2M	1M/年
全自动	15M	3Q	1Q	1Q	2Q	6M	2M/年
柔性线	25M	4Q	1Q	1Q	无	无	2M/年

厂房购买与租用规则

厂房	购价	租金	售价(账期)
新华	40M	6M/年	40M(2Q)
上中	30M	4M/年	30M(1Q)
法华	15M	2M/年	15M

一次性采购付款规则

≤4个	现金支付
5~8个	1Q
9~12个	2Q
13~16个	3Q
≥17个	4Q

贷款规则

	利息	额度
高利贷	20%(到期还本付息)	与银行协商
短期贷款	5%(到期还本付息)	(长期贷款+短期贷款)<上年所有者权益2倍
长期贷款	10%(每年年底支付利息)	

产品BOM结构

产品	构成
Beryl	M1
Crystal	Beryl M2
Ruby	M2 2M3
Sapphire	M2 2M3 M4

原材料出售：按原价1/2出售
贴现比例：1Q:1/12, 2Q:1/10, 3Q:1/8, 4Q:1/6
未按时交货，每季度罚订单金额的1/5

产品研发规则：
Crystal：1年研发完毕，研发费用1M/季度
Ruby：1.5年研发完毕，研发费用2M/季度
Sapphire：2年研发完毕，研发费用2M/季度

产品研发交易规则：
技术出让费：≥研发费用，允许竞标；
生产授权：允许生产，不允许竞标

ISO认证规则：
ISO9000：1年认证完毕，认证费用1M/年
ISO14000：2年认证完毕，认证费用1M/年

市场开拓规则：
区域：1年开拓完毕，开拓费用1M/年
国内：2年开拓完毕，开拓费用1M/年
亚洲：3年开拓完毕，开拓费用1M/年
国际：4年开拓完毕，开拓费用1M/年

图 2—1　ERP 沙盘盘面

厂房：盘面上设计了三个厂区：新华厂区（大厂房）、法华厂区（小厂房）和上中厂区（中厂房），不同厂区可以安装的生产线数量不同，在新华厂区可以安装 4 条生产线、在法华厂区可以安装 1 条生产线、在上中厂区可以安装 3 条生产线；厂区左上方的圆格子是放置其价值的价值区。

生产线标识：生产线共有四种，分别是手工生产线、半自动生产线、全自动生产线和柔性生产线。不同的生产线其生产效率和灵活性不同，企业拥有哪种生产线就将哪种生产线标识放置在厂房相应的标识区域。

产品标识：企业可供选择生产或研发后可生产的产品共有四种，分别为 Beryl、Crystal、Ruby、Sapphire，生产线生产哪种产品，就将相应的产品标识放置在生产线上方的小方格，即产品标识处。

设备价值区：在生产线下方的方格是设备价值区，用来放置不同生产线的价值，其值代表了该生产线的价值。

三、物流中心

在盘面上，物流中心主要体现为原材料采购订单、原材料库、产成品库和产品订单四个区域。

原材料采购订单区域：代表与原材料供应商签订的订货合同，其内容包括订货数量和账期；订货数量用放在原材料订单处黄色的 M1、M2、M3 和 M4 四个品种订单表示。M1、M2 原材料的采购提前期为一个季度；M3、M4 原材料的采购提前期为两个季度。

原材料库区域：分别按照原材料的品种列示，用于存放 M1、M2、M3、M4 原材料。

产成品库区域：分别按照产品的品种列示，用于存放 Beryl、Crystal、Ruby、Sapphire 四种产成品。

产品订单区域：分别按照 Beryl、Crystal、Ruby、Sapphire 产品的品种列示，用于放置企业通过投放广告已获得的产品订单。

四、财务中心

在盘面上，财务中心主要由现金、应收账款、应付账款和贷款构成。

现金：用灰色钱币的数量标识企业的现金数量，1 个灰色钱币表示 1M，即 100 万。

应收账款：包括账期分别为 1Q、2Q、3Q 和 4Q 的不同应收账款，在销售获得销售收入后，如若不是现金收入，则需要按照不同账期摆放。

应付账款：包括账期分别为 1Q、2Q、3Q 和 4Q 的不同应付账款，在购买原材料后，如若不是现金付款，则需要按照不同账期摆放。

贷款：包括长期贷款、短期贷款、高利贷三种类型。

第二节　辅助教具

除了 ERP 沙盘盘面外，还包括一些其他的沙盘教具：生产线标牌、产品标签、筹码、销售订单及量杯等。其中，生产线标牌包括手工生产线、半自动生产线、全自动生产线、柔性生产线四种；产品标签包括 Beryl、Crystal、Ruby、Sapphire 四种；蓝色筹码包括原材料 M1、M2、M3、M4 四种，用来表示现金的灰色筹码，黄色筹码包括原材料采购订单 M1、M2、M3、M4，红色筹码包括贷款 10M、1M；销售订单包括 1～7 年的本地、区域、国内、亚洲、国际市场的产品订单若干张；量杯若干。

任务三

模拟企业认知

第一节 模拟企业简介

ERP 沙盘模拟的企业是一家已经创建两年的珠宝生产制造企业，主要在本地市场运营，且运营情况良好。该企业采用直线职能制组织结构，主要设有财务部、营销部、生产部、采购部、研发部和信息部等职能部门。每个职能部门都有各自的主管人员，例如，财务总监、营销总监、生产总监、采购总监、研发总监、信息总监等。

企业目前拥有一个大厂房和包括三条手工生产线和一条半自动生产线的生产设备。企业的主打产品是 Beryl，该产品技术含量较低，市场竞争不太激烈，但发展前景良好。由于原来的管理层倾向于保持现状，在企业发展战略选择上比较保守，在市场开发、新产品研发以及在 ISO 认证方面的投入也比较少，因此，企业长期以来一直处于小规模经营的状态。

当前市场竞争越来越激烈，企业高层意识到如果在未来几年继续沿用现在的经营模式，很可能会被市场逐渐淘汰。因此，该企业董事会决定引入新的管理层，并希望新的管理层能够把握时机、抓住机遇，通过投资开发新产品，使公司的市场地位得到一定的提升；在全球市场广泛开放之际，积极开发本地市场以外的其他新市场，进一步拓展市场领域；扩大生产规模，采用现代化生产手段，努力提高生产效率，全面带领企业进入快速发展阶段。

第二节 模拟企业财务现状

财务状况是指企业资产、负债、所有者权益的构成情况及其相互关系。企业财务状况由企业对外提供的主要财务报告——资产负债表来表述。资产负债表是根据资产、负债和所有者权益之间的相互关系，即“资产=负债+所有者权益”的恒等关系，按照一定的分类标准和一定的次序，把企业特定日期的资产、负债、所有者权益三项会计要素的所属项目予以适当排列，并对日常会计工作中形成的会计数据进行加工、整理后编制而成，用于反映企业在某一特定日期的财务状况。通过资产负债表，可以了解企业所掌握的经济资源及其分布情况；了解企业的资本结构；分析、评价、预测企业的短期偿债能力和长期偿债能力；正确评估企业的经营业绩。

在 ERP 沙盘模拟中，对资产负债表中的项目根据模拟业务的实际情况进行了适当地简化。模拟企业的资产负债表如表 2—1 所示。可以看出，模拟企业总资产为 1.05 亿（105M），其中流动资产 52M、固定资产 53M、负债 41M、所有者权益 64M。流动资产包括现金 20M、3 个账期（3Q）的应收账款 15M、在制品价值 8M、成品价值 6M、原材料价值 3M；固定资产包括一个价值 40M 的大厂房、价值 13M 的生产设备（包括三条手工生产线和一条半自动生产线）；负债包括长期贷款 40M（4 年期长期贷款 20M、5 年期长期贷款 20M）、上年应交税金 1M，目前没有短期负债；所有者权益包括股东资本 50M，利润留存 11M，年度净利润 3M。

表 2—1　　模拟企业的资产负债表

资产	金额/百万元	负债+所有者权益	金额/百万元
流动资产：		负债：	
现金	20	长期负债	40
应收账款	15	短期负债	0
在制品	8	应付账款	0
成品	6	应交税金	1
原材料	3		
流动资产合计	52	负债合计	41
固定资产：		所有者权益：	
土地和建筑	40	股东资本	50
机器和设备	13	利润留存	11
在建工程	0	年度净利润	3
固定资产合计	53	所有者权益合计	64
总资产	105	负债+所有者权益	105

第三节　模拟企业经营成果

企业在一定期间的经营成果表现为企业在该期间所获得的利润，它是企业经济效益的综合体现，用利润表表示。模拟企业的利润表如表 2—2 所示，可知企业上一年盈利 300 万元。

表 2—2　　模拟企业的利润表

项目		金额/百万元
销售收入	+	35
直接成本	—	12
毛利	=	23
综合费用	—	11
折旧前利润	=	12
折旧	—	4
支付利息前利润	=	8
财务净损益	—	4
营业外净收益	+	
税前利润	=	4
所得税	—	1
净利润	=	3

注：营业外净收益＝营业外收入－营业外支出

第四节　模拟企业发展预测

下面是企业得到的一份关于市场未来发展的预测信息，这份预测来自一家业内公认的权威市场调研咨询公司，它对市场发展前景预测有着较高的可信度，不过需要注意的是预测毕竟与实际有差距，因此有可能不准确。

一、产品发展预测分析

根据市场调研咨询公司提供的信息，目前企业主打的产品 Beryl 未来在不同市场的需求量趋势如图 2—2 所示。可以看出：在未来几年中，产品 Beryl 在本地市场上的需求将持续下降，而且企业目前主要投入的本地市场容量有限，缺乏成长性。

随着产品 Beryl 产量的增大，生产自动化程度的高低将成为影响其成本高低的决定因素，如图 2—3 所示。

图 2—2、图 2—3 中的信息将为企业进行产品决策、市场开拓决策、生产设备投资决策等提供重要依据。

Crystal 产品是 Beryl 产品的技术改进版，它继承了 Beryl 产品的很多优良特性，在一段时间内可为企业的发展带来可观的利润。

Ruby 产品是一个完全重新设计的产品，由于采用了最新技术，它在技术创新与环保方面具有很大的飞跃，但目前很难评估客户对这项新技术的态度。

Sapphire 产品被视为一个未来技术的产品，大家都存在着期望，然而它的市场何时才能形成是一个未知因素。

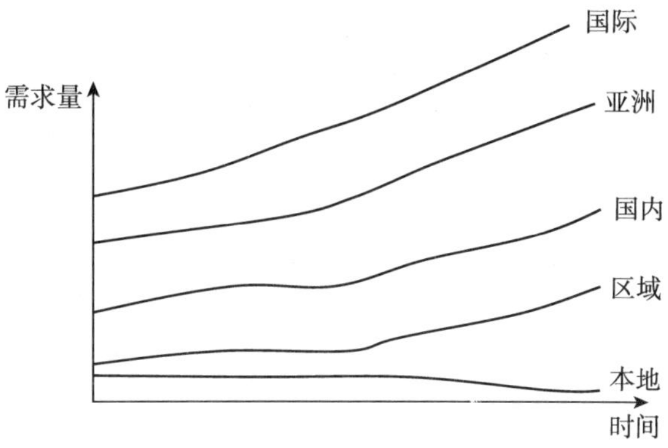

图 2—2　Beryl 未来在不同市场的需求量趋势图

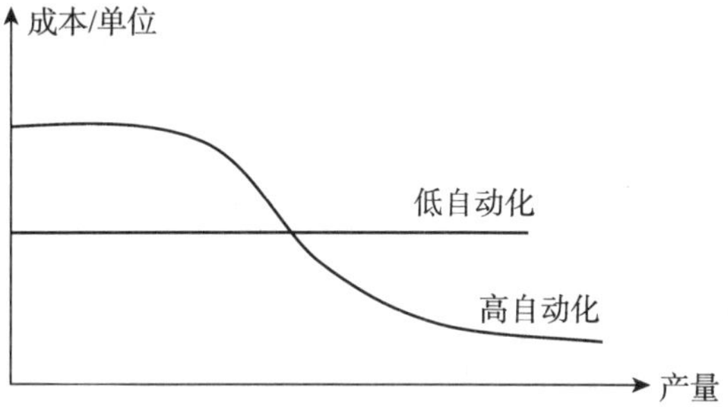

图 2—3　Beryl 成本—产量趋势图

二、市场发展预测分析

本地市场上，Beryl 产品的需求开始减弱，并且产品利润空间也开始下滑。但在未来几年中，还是有不少 Beryl 的需求。与此同时，Crystal 产品的需求开始慢慢增加，呈现出上升趋势。

区域市场上，在未来几年里，Beryl 产品有一定需求，但 Crystal 产品的需求较多。不过，相对于本地市场和国内市场而言，区域市场的容量还是要低一些。

亚洲市场开拓需要 3 年时间，因此，对其需求量的预测不是特别确定，该市场可能会有较高容量，且对高技术含量产品有较多的倾向性。

国际市场的开拓需要 4 年时间，对于那些研发技术和设备相对落后的企业来说，该市场应该是一个比较理想的发展空间，该市场对 Beryl 产品的需求较大，而且利润空间较高。

如图 2—4 所示为未来 Beryl、Crystal、Ruby、Sapphire 四种产品的发展趋势：

总体来看，根据企业实际情况可以比较准确地预计 1～3 年的需求情况，但由于市场存在很大的不确定性，4～7 年的预计只能作为一个参考，可能蕴涵很大的变化性。以下是对各种产品在不同市场的需求量和单价的预测图（六组市场预测图），可以据此制定企业未来的发展战略。

1. 本地市场需求量和单价预测

Beryl 是一个成熟的产品，未来 4 年内在本地市场上需求较大，但随着时间的推移，需求可能会迅速下降；Crystal 在本地市场的需求呈上升趋势；Ruby 和 Sapphire 的需求量

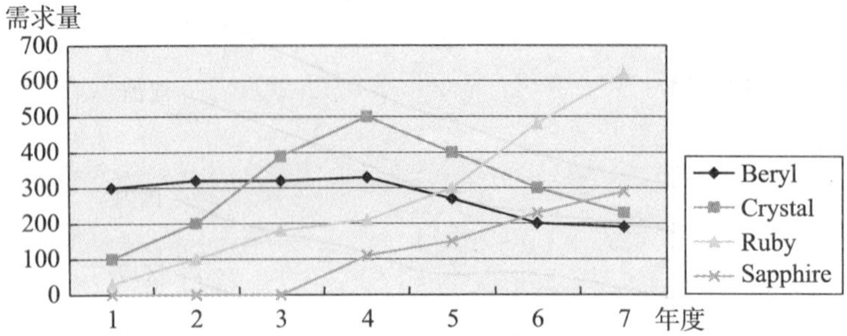

图 2—4　各产品市场容量发展趋势图

在第四年后均匀上升。不管哪种产品，未来都可能会要求企业具有 ISO 认证资格。

从价格预测图可见，Beryl 的单价逐年下滑，它的利润空间越来越小；Crystal 在未来四年内利润空间在上升，Crystal 的单价在经营的第五年之后急剧下降；随着产品的完善，Ruby 和 Sapphire 的价格会逐步提高，处于升势，如图 2—5 所示。

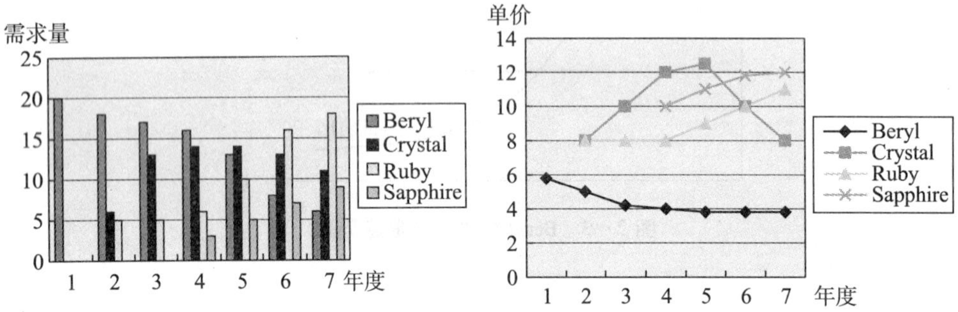

图 2—5　本地市场产品需求量和单价预测图

2. 区域市场需求量和单价预测

区域市场的需求量相对本地市场来讲，容量不大，而且对客户的资质要求相对较严格，供应商可能要求具备 ISO 资格认证（包括 ISO9000 和 ISO14000）才可以允许接单。

由于对供应商的资格要求较严，竞争的激烈性相对较低，价格普遍比本地市场高，如图 2—6 所示。

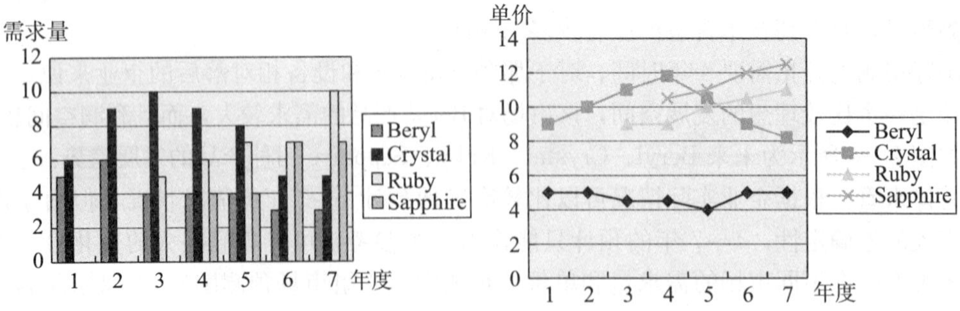

图 2—6　区域市场产品需求量和单价预测图

3. 国内市场需求量和单价预测

Beryl、Crystal 的需求逐年上升，第四年达到顶峰，之后开始下滑；Ruby、Sapphire

需求预计呈上升趋势。同时供应商也可能要求得到 ISO9000 认证。

与需求量相类似，Beryl、Crystal 的价格逐年上升，第四年达到顶峰，之后开始下滑；Ruby、Sapphire 单价逐年稳步上升，如图 2—7 所示。

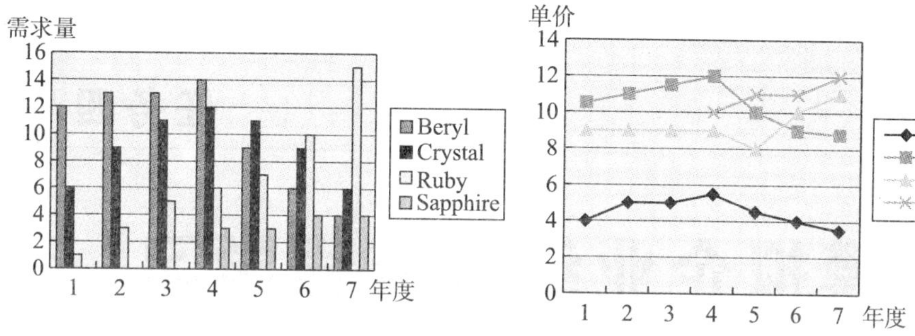

图 2—7　国内市场产品需求量和单价预测图

4. 亚洲市场需求量和单价预测

Beryl 在亚洲市场的价格相对于本地市场来说，没有竞争力；Crystal 的价格也逐步走低；而 Ruby 和 Sapphire 的价格很有诱惑力，如图 2—8 所示。

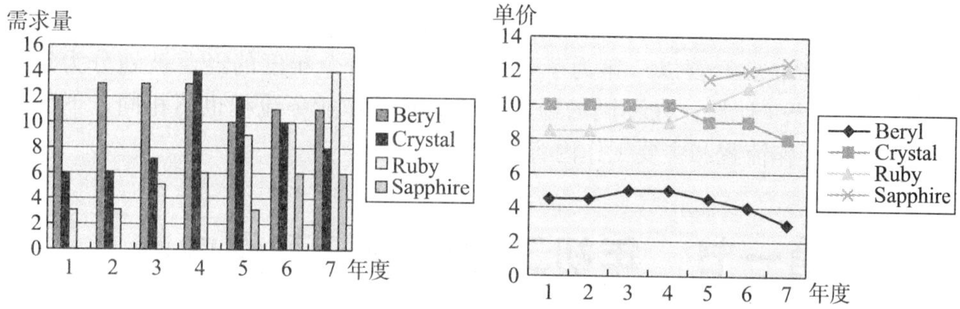

图 2—8　亚洲市场产品需求量和单价预测图

5. 国际市场需求量和单价预测

Beryl 的需求量非常大；Crystal 和 Ruby 需求也在逐年上升。在国际市场上，Beryl 和 Crystal 的价格小幅攀升，利润空间增大；Ruby 和 Sapphire 的价格变化趋于平缓，如图 2—9 所示。

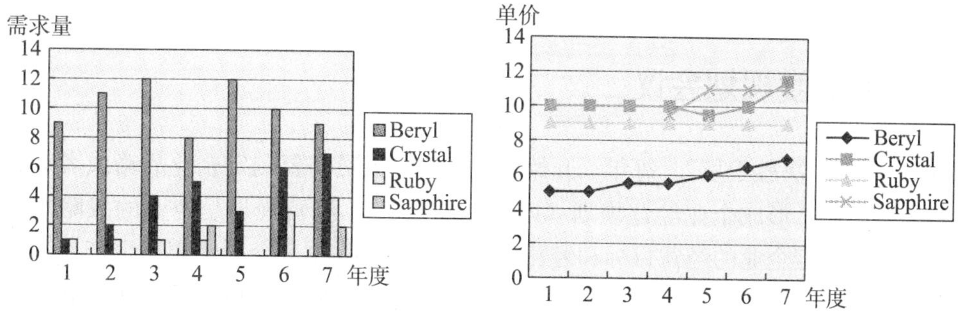

图 2—9　国际市场产品需求量和单价预测图

任务四

模拟企业经营流程学习

企业业务流程是为达到特定的价值目标而由不同的人共同完成的一系列活动。活动之间不仅有严格的先后顺序限定，而且活动的内容、方式、责任等也都必须要有明确的安排和界定，以使不同的活动在不同的岗位角色之间进行转手交接成为可能。

ERP 沙盘模拟企业经营以一年为一个经营周期，每个年度的经营被划分为年初、年中（每季）、年末三个阶段。在不同的经营阶段，其工作业务流程也不相同，下面详细介绍这三个阶段的工作流程和主要工作内容。

第一节　年初工作流程与工作内容

年初工作流程与主要工作内容如图 2—10 所示：

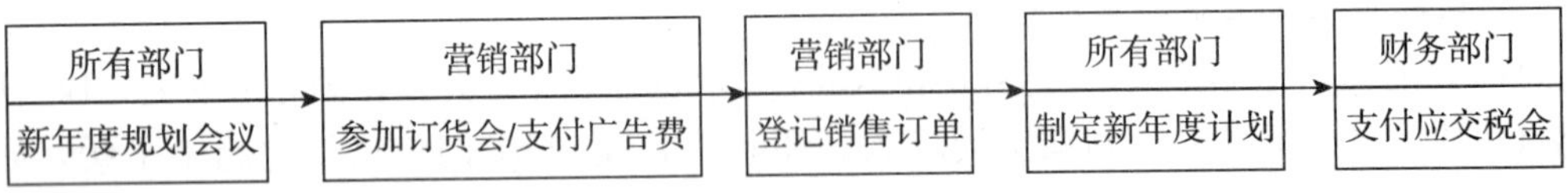

图 2—10　年初工作流程与主要工作内容

一、新年度规划会议

“运筹帷幄，决胜千里”。每年一开始，企业高管人员需要制定企业战略或者对企业已有战略作出调整，形成企业经营规划（Business Plan）。经营规划是企业的战略规划，在这个层次上要确定企业的经营目标和经营策略。它由企业总裁会同销售、生产、采购、市场和财务等部门高管通过对企业内部分析（包括企业发展阶段分析、经营业绩分析、各区域分析、客户分析、产品分析、管理问题及能力分析等）和外部环境分析（宏观环境分析、行业环境分析、竞争环境分析、消费者分析等）后共同完成。经营规划具体包括营销规划、产能规划、财务规划等。

二、参加订货会/支付广告费

各模拟企业派营销总监参加订货会，按照市场地位、广告投放、竞争态势、市场需求等条件选取客户订单。财务总监将企业投放的广告费放置在盘面上的“广告费”位置，并记录支出的广告费。

注意：在参加订货会之前，生产总监和营销总监要准确计算每个季度的产品生产数量和销售数量，为获取订单做好准备。订单的选取要以企业的产能、设备投资计划等为依据，避免接单不足致使设备闲置或盲目接单后导致无法按时交货，否则不但要交纳违约金，还会引起企业信誉降低，丧失下一年的选单优势。

三、登记销售订单

客户订单相当于客户与企业签订的订货合同，需要对它进行登记管理。营销总监领取订单后，负责将订单登记在“订单登记表”中，记录每张订单的订单号、所属市场、产品名称、产品数量、订单销售额、应收账期。

四、制定新年度计划

“预则立，不预则废”，在明确今年的销售任务后，企业需要以销售为龙头，结合企业对未来市场的预期，编制生产计划、采购计划、设备投资计划，并进行相应的资金预算。

五、支付应交税金

依法纳税是每个企业及公民的义务。财务总监需要按照上一年度企业利润表中“所得税”一项的数值取出相应的现金，放置于盘面上的“税金”处，并做好现金收支记录。

第二节　季度工作流程与工作内容

每年分四个季度经营，每个季度的工作流程与工作内容如图 2—11 所示。

一、申请短期贷款/更新短期贷款/短期贷款还本付息

申请短期贷款：短期贷款只有在这一时点上可以申请。可以申请的最高额度为：

上一年所有者权益×2－(已有短期贷款＋已有长期贷款)

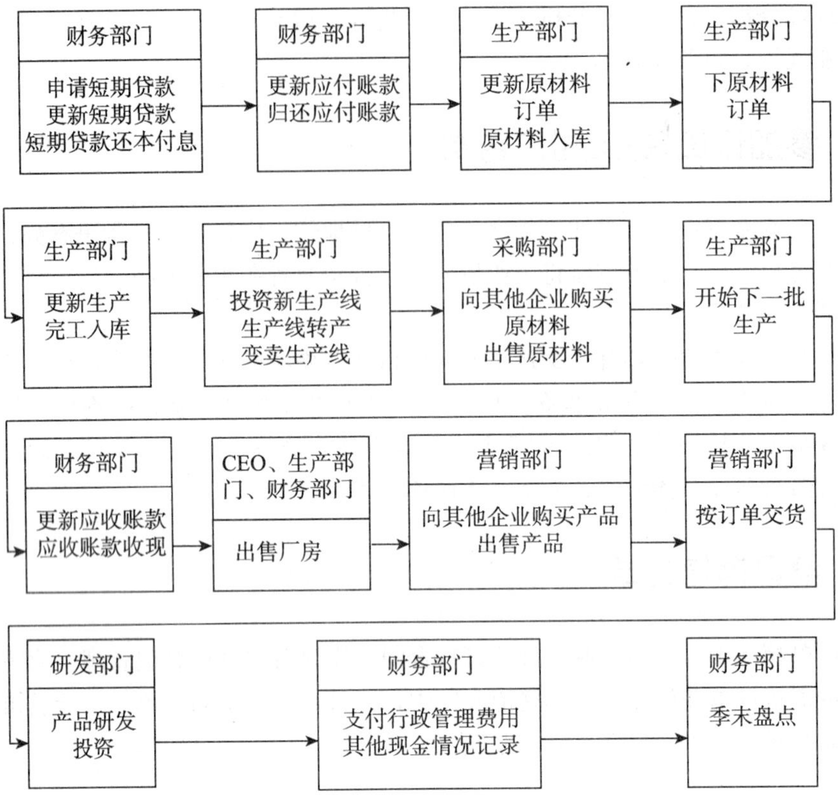

图 2—11　每个季度的工作流程与工作内容

更新短期贷款：如果企业有短期贷款，请财务总监将红色短期贷款筹码向现金库方向移动一格。移至现金库时，表示短期贷款到期。

短期贷款还本付息：短期贷款的还款规则是利随本清，短期贷款到期时，需要支付5%的利息，财务总监从现金库中取现金，其中本金还给银行，5%的利息放置于盘面上的“利息”处并做好现金收支记录。

注意：企业随时可以向银行申请高利贷，高利贷的贷款额度视企业当时的具体情况而定，高利贷属于短期贷款，可以与短期贷款同样管理。

二、更新应付账款/归还应付账款

由财务总监将应付账款向现金库方向推进一格，到达现金库时，从现金库中取现金付清应付账款，并做好现金收支记录。

三、更新原材料订单/原材料入库

采购总监将原材料订单区中的黄色筹码向原材料库方向按季度推进一格，当供应商发出的原材料已运抵企业时，企业必须无条件接受货物并向财务总监申请原材料款，支付给供应商，换取相应的原材料。如果现金支付，财务总监要做好现金收支记录；如果启用应付账款，在盘面上用红色筹码做相应标记。

四、下原材料订单

采购总监根据年初制定的采购计划，确定采购原材料的品种及数量，按照计划向原材料供应商订购。黄色的筹码代表不同原材料的订单，采购总监从原材料供货商处拿来后放置于对应品种的原材料订单处。

注意：下原材料订单不需要支付资金。

五、更新生产/完工入库

由运营总监将各生产线上的在制品往成品库方向推进一格。产品下线表示产品完工，将产品放置于相应的产成品库。

六、投资新生产线/生产线转产/变卖生产线

投资新生产线：投资新设备时，生产总监向指导老师领取新生产线标识，翻转放置（表示未建好）于厂房相应位置，每季度向财务总监申请的建设资金额度＝设备总购买价值/安装周期，将建设资金放入生产线下方的“设备价值”方格处，财务总监做好现金收支记录。在全部投资完成后的下一季度，将生产线标识翻转过来（表示已建好），向指导老师领取产品标识，可以开始投入使用。

生产线转产：生产线转产是指生产线转产生产其他产品。不同类型的生产线转产所需的转产周期及转产费用不同，只有生产线空闲时才允许转产；需转产时，请生产总监翻转生产线标识，按季度向财务总监申请并支付转产费用，满足转产周期要求并支付全部的转产费用后下一季度再次翻转生产线标识，领取新的产品标识，开始新的生产。财务总监做好现金收支记录。

变卖生产线：只有生产线空闲时才允许变卖生产线。需变卖生产线时，将生产线的净值放入盘面上方的“其他”处，生产线交回给指导老师，同时生产总监向指导老师领取生产线对应的残值放入金库中。财务总监做好现金收支记录。

注意：生产线投资分季度进行，不要一次完成。

七、向其他企业购买原材料/出售原材料

新产品上线时，原材料库中必须备有足够的原材料，否则需要停工待料。若原材料不足，采购总监可以考虑向其他企业购买。

如果按原材料的原值购入，购买方视同“原材料入库”处理，出售方采购总监从原材料库中取出原材料，向购买方收取现金，放入现金库并做好现金收支记录。如果高于原材料价值购入，购买方将差额（支出现金－原材料价值）记入利润表中的营业外净收益负值；出售方将差额记入利润表中的营业外净收益正值，财务总监做好现金收支

记录。

八、开始下一批生产

当更新生产/完工入库后，某些生产线的在制品已经完工，可以考虑开始生产新产品。由生产总监按照产品结构从原材料库中取出原材料，并向财务总监申请产品加工费，将上线产品摆放到离原材料库最近的生产周期方格上。

九、更新应收账款/应收账款收现

财务总监将应收账款向现金库方向盘推进一格，到达现金库时即成为现金，做好现金收支记录。

在资金出现缺口且不具备银行贷款的条件下，可以考虑应收账款贴现。应收账款贴现随时可以进行，财务总监按照相应的贴现比例，将贴现费用置于盘面上的“贴现”处，另外部分放入现金区域，并做好现金收支记录。

注意：应收账款贴现要考虑账期因素，不同账期贴现费用不同；同时，可根据资金需要对应收账款进行部分贴现。

十、出售厂房

资金不足时，企业可以考虑出售厂房，按照“厂房购买、出售与租赁”的相应规则操作。

十一、向其他企业购买产品/出售产品

如果产能计算有误，有可能本年度不能交付客户订单，这样不仅信誉尽失，且要接受订单总额的20%的罚款，这时营销总监可以考虑向其他企业购买产品。如果以成本价购买，买卖双方正常处理；如果高于成本价购买，购买方将差价（支付现金－产品成本）记入“利润表”中的“营业外净收益”负值，出售方将差价记入“利润表”中的“营业外净收益”正值。财务总监做好现金收支记录。

注意：组间交易取得的收入不要计入销售收入。

十二、按订单交货

营销总监检查各成品库中的成品数量是否满足客户订单要求，满足则按照客户订单交付约定数量的产品给客户，并在“订单登记表”中登记该批产品的成本。客户按订单收货，并按订单上列明的条件支付货款，若为现金（0账期）付款，营销总监直接将现金置于现金库，财务总监做好现金收支记录；若为应收账款，营销总监将现金置于应收账款相应账期处。

十三、产品研发投资

按照年初制定的产品研发计划，研发总监向财务总监申请研发资金，置于相应产品研发区位置。财务总监做好现金收支记录。

十四、支付行政管理费用/其他现金情况记录

行政管理费用是企业为了维持经营所需的水电费、必要的差旅费、招待费等。财务总监每季度取出 1M 现金摆放在“管理费”处，并做好现金收支记录。

除以上引起现金流动的项目外，还有一些没有对应项目的，例如，应收账款贴现、高利贷支付的费用等，可以直接记录在该项中。

十五、季末盘点

每个季末，企业对现金、原材料、在制品、产成品进行盘点，并将盘点结果与账面结存数进行核对，做到账实相符。

财务总监统计本季度现金收入总额、现金支出总额、盘点现金余额等并做好登记；采购总监对季末库存原材料进行统计；生产总监对季末线上在制品和库存产品进行统计。

注意： *以上 16 项工作每个季度都要按照相应顺序执行。*

第三节　年末工作流程与工作内容

年末主要工作流程与工作内容如图 2—12 所示：

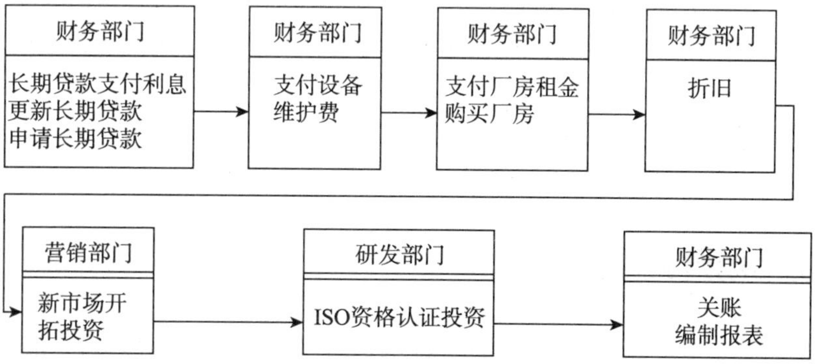

图 2—12　年末主要工作流程与工作内容

一、长期贷款支付利息/更新长期贷款/申请长期贷款

长期贷款支付利息：长期贷款的还款规则是每年付息，每年需要支付 10%的利息，到

期还本。当贷款没有到期时，需要年末支付当年利息，财务总监从现金库中取出长期贷款利息置于盘面上的“利息”处，并做好现金收支记录；长期贷款到期时，财务总监除了计算当年利息，并将利息置于盘面上的“利息”处，还需要从现金库中取出现金向银行归还本金，并做好现金收支记录。

更新长期贷款：如果企业有长期贷款，财务总监将红色贷款筹码向现金库方向移动一格；当移至现金库时，表示长期贷款到期。

申请长期贷款：长期贷款只有在年末可以申请，可以申请的额度为：

申请长期贷款＝上一年所有者权益×2－(已有长期贷款＋已有短期贷款)

二、支付设备维护费

正在使用的每条生产线年末需要进行维护，维护费的支付参照“生产线费用与周期规则”执行，财务总监取出相应现金置于盘面上的“维护费”区域处，并做好现金收支记录。

三、支付厂房租金/购买厂房

如果购买厂房，财务总监取出与厂房价值相等的现金置于盘面上的“厂房价值”区域处；如果租赁厂房，财务总监取出与厂房租金相等的现金置于盘面上方的“租金”区域处。无论购买还是租赁，财务总监应做好现金收支记录。

四、折旧

当年建设完成的生产线计入在建工程，当年不提折旧；生产线折旧按生产线购买价格的1/5向上取整计算折旧，如（10/5）＝2；当生产线净值等于出售残值时，生产线停止折旧。生产线完成折旧后可以继续使用，不用提取折旧。财务总监从设备价值中取折旧费放置于盘面上的“折旧”处。

注意：计提折旧时，只可能涉及生产线净值项目，与现金流无关，因此在“任务清单中”标注了（ ）以示区别，计算现金收/支合计时不应考虑该项目。

五、新市场开拓投资

营销总监将资金放置在需要开拓的市场区域，并做好现金支出记录。市场开发完成，即市场开拓区域内所需投入完成，则企业具备相应市场的准入资格。

六、ISO 资格认证投资

研发向财务总监申请现金，放置在要认证的区域，并做好现金支出记录。认证完成，则企业具备相应的ISO资格。

七、关账/编制报表

一年经营下来，年终要做一次“盘点”，做好“现金区”现金数量和账目上现金数的核对，编制“综合费用表”、“利润表”和“资产负债表”。在报表做好之后，指导教师将会取走盘面上企业已支出的各项费用，为下一年经营做好准备。

任务五

模拟运营规则学习

所谓“无规矩不成方圆”，生存在开放市场环境中的企业，它们之间的竞争需要遵循一定的规则。只有熟悉和遵守这些规则，企业才能做到合法经营、实现有序经营，才能在市场竞争中获取竞争优势。

综合考虑市场竞争及企业运营所涉及的内容，ERP 沙盘将其运营规则简化为市场规则、订单规则、原材料采购规则、生产运营规则、产品研发和 ISO 认证规则、财务管理规则、经营过程规则七个方面，下面我们将对每一项规则进行详细说明。

第一节　市场规则

市场规则主要包括选择市场、开发市场、进入市场、维护市场和放弃市场五个方面，如图 2—13 所示。

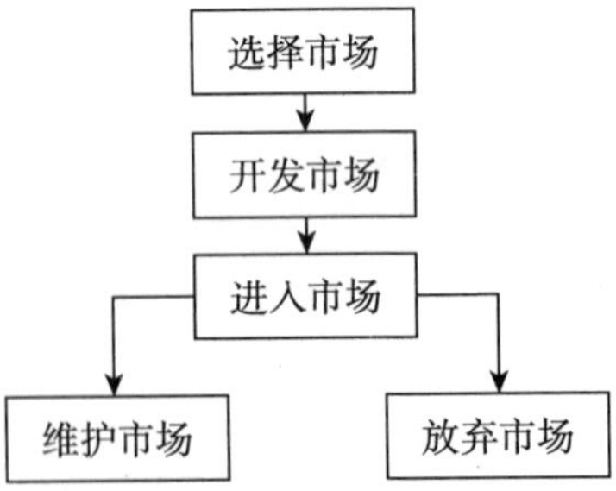

图 2—13　市场选择过程示意图

一、选择市场

企业目前在本地市场经营，新市场包括区域、国内、亚洲和国际市场。

二、开发市场

不同市场的开发时间和开发费用均不相同，具体规则如表 2—3 所示。

表 2—3　　　　　　　　　　　　市场开发规则

市场	开发时间/年	开发费用/M	说明
本地	无	无	（1）各市场可同时开发。 （2）开发费用按开发时间平均支付，不允许加速投资。 （3）资金短缺时可以随时中断或终止投入。
区域	1	1	
国内	2	2	
亚洲	3	3	
国际	4	4	

三、进入市场

当某个市场开发完毕后，企业就取得了该市场的准入资格，此后可以参加该市场的订货会，在该市场上进行广告投入并接单。

四、维护市场

对所有已进入的市场，每年需投入 1M 资金（以广告费的形式体现）作为市场的维护费用。

五、放弃市场

对已进入的市场，如果不再继续投入广告费，则被视为企业自动放弃该市场。若企业想再次进入该市场，需要对该市场进行重新开发。

第二节　订单规则

一、客户订单

市场需求用客户订单卡片的形式表示。卡片标注了经营年度、市场类型、产品名称、产品数量、单价、订单价值总额、账期、交货期以及 ISO 认证等要求。

如图 2—14 所示，这是一张第四年（Y4）在亚洲市场对产品 Ruby 的加急订单，单价是 8.5M，数量是 2 个，总金额是 17M。客户要求企业第四年第一季度交货，当客户收到产品后以现金方式支付。但获取该订单的企业必须要有“ISO9000”认证，并且已经完成对亚洲市场的开发和对产品 Ruby 的研发。

Ruby（Y4，亚洲）加急！
2×8.5M=17M　ISO9000
账期：现金　交货：Q1

图 2—14　加急订单样例

二、广告费的投放规则

（1）广告费分市场、产品投放，订单按市场、产品发放。每组都有广告费投放表，如表 2—4 所示。

表 2—4　　广告费投放表

年度	产品 / 广告费 / 市场	Beryl	Crystal	Ruby	Sapphire
第　年	本地				
	区域				
	国内				
	亚洲				
	国际				

（2）投入 1M 广告费，有获取 1 个订单的机会，投入 3M，有获取 2 个订单的机会，投入 5M，有获取 3 个订单的机会，以此类推。第一轮选单结束后，若还有剩余的订单，就可以开始第二轮选单。只有在该市场该产品上投了 3M 或 3M 以上广告的组，才有权利参加第二轮选单。第二轮（和以后轮次）选单顺序遵循“订单获取规则”。

三、订单的获取规则

（1）第一年按广告费的排名顺序依次选择订单。

（2）第二年起，由上年的市场领导者（俗称“市场老大”）且其没有出现订单违约情况首先选单。市场领导者以外，按该市场该产品的广告费多少，依次选择订单。

（3）如果该市场该产品的广告费相等，按该市场上所有产品的广告费之和决定选单顺序。

（4）如果该市场所有产品的广告费之和相等，按全部市场的广告费之和决定选单顺序。

（5）如果全部市场的广告费之和相等，按上一年该市场所有产品销售总额的排名决定选单顺序。

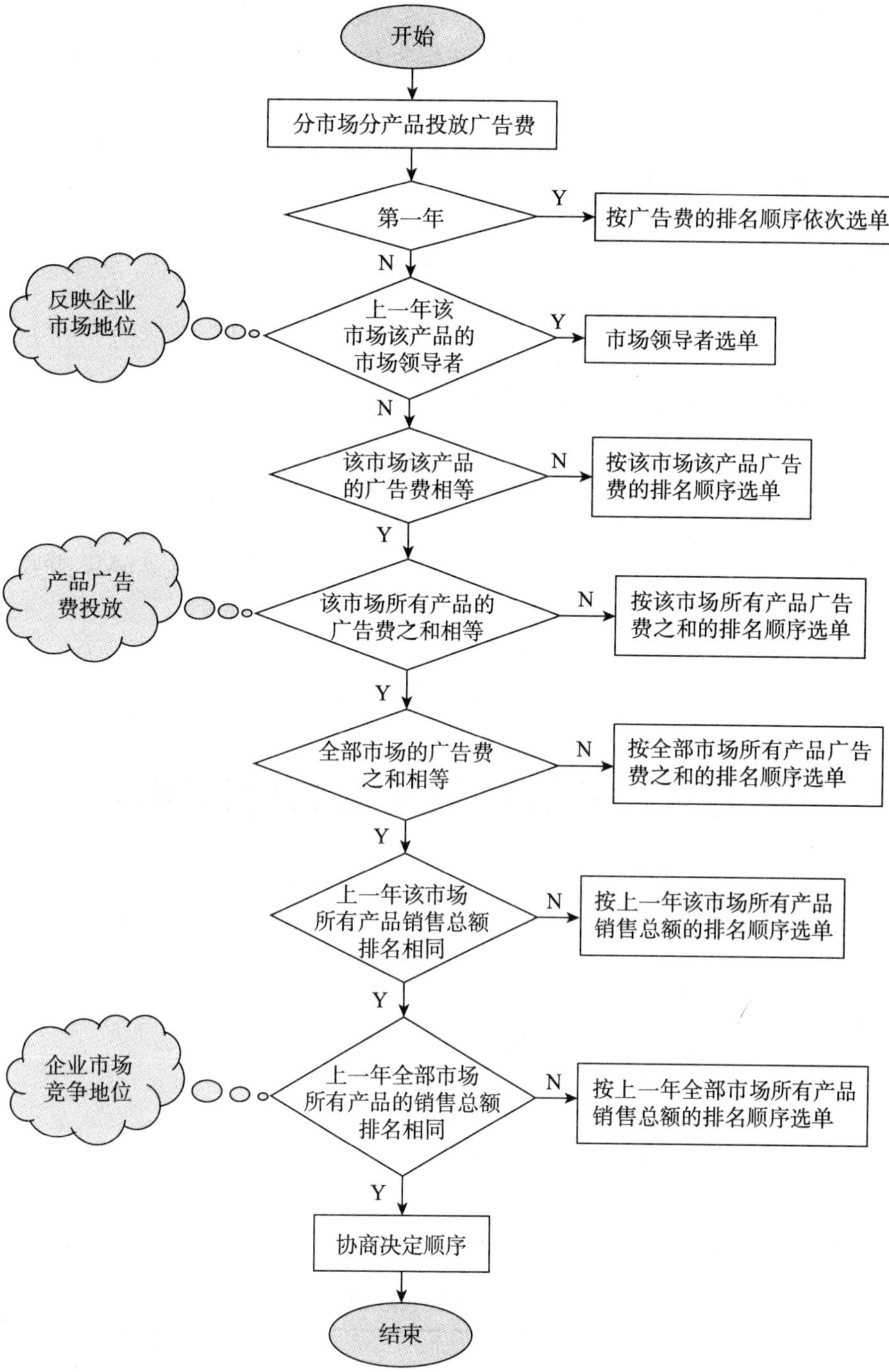

图 2—15　小组选单顺序示意图

（6）如果上一年该市场所有产品销售总额的排名相同，按上一年全部市场上所有产品销售总额的排名决定选单顺序。

（7）如果上一年全部市场上所有产品销售总额仍相同，可通过协商解决。

注意：市场领导者是由市场、产品的销售额大小决定的。若本市场、本产品的销售总价值相同，则依次比较 Sapphire、Ruby、Crystal、Beryl 产品在该市场的销售额，较高者为市场领导者。显而易见，第一年，没有市场领导者；刚开拓出的新市场，也没有市场领导者。

四、订单的交货规则

（1）普通订单按照季度生产，按规定的交货期交货；若要提前交货，账期也应提前。

（2）逾期交货按订单违约处罚规则处理。

五、订单的违约处罚规则

（1）出现逾期交货时，必须先将逾期的订单交完货后，方可再交其他订单。

（2）无法按时交货，按订单金额的 1/5（向上取整）罚款。例如，一张销售额为 22M 的订单要求第二季度交货，但企业第四季度末仍不能交货，则要交罚金 5M，并收回订单。

（3）如果市场领导者违约，则本市场上本产品没有市场领导者。

（4）有违约情况的各组，当年的市场地位不参与排名。

注意：订单违约后一旦被收回，则该张订单不能取得销售收入，即销售收入为 0。

第三节　原材料的采购与出售规则

一、原材料的采购规则

（1）购买原材料必须要提前下采购订单，不同的原材料订货提前期也不同，原材料的订货提前期为 M1：1Q；M2：1Q；M3：2Q；M4：2Q。

（2）所有原材料的订单到期必须采购入库。

（3）所有原材料的单位价格均为 1M。

（4）根据采购订单购买相应的原材料入库，原材料入库时可以付现金或赊购，具体规则如表 2—5 所示。

（5）赊购时，原材料种类必须是同一类型的。

表 2—5　　**一次性采购付款规则**

原材料采购数量	账期
≤4 个	现金支付
5～8 个	1Q
9～12 个	2Q
13～16 个	3Q
≥17 个	4Q

二、原材料的紧急采购规则

原材料可以紧急采购，付款即到，原材料价格为购买单价的 2 倍。

三、原材料的出售规则

（1）原材料变卖给银行，按原值的 1/2 向下取整处理。
（2）小组之间可以相互转让原材料，价格自己协商。

第四节　生产运营规则

一、产品的生产规则

（1）每条生产线同一时刻只能生产一个产品。
（2）各种产品的 BOM 如图 2—16 所示。

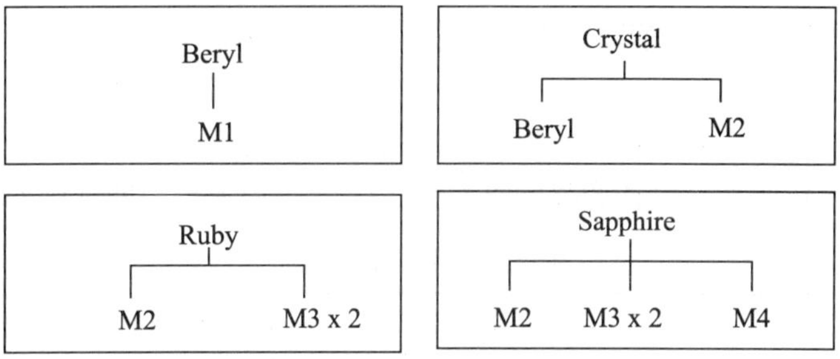

图 2—16　各种产品的 BOM 示意图

（3）开始生产时需要将原材料放在生产线上，并支付相应的加工费，不同的生产线加工费也不同，具体加工费用如表 2—6 所示。

表 2—6　　产品生产加工费用

产品	手工生产线	半自动生产线	全自动生产线	柔性生产线
Beryl	1M	1M	1M	1M
Crystal	2M	1M	1M	1M
Ruby	3M	2M	1M	1M
Sapphire	4M	3M	2M	1M

二、厂房购买、出售与租赁的规则

盘面提供了三个厂房区域，有关厂房购买、出售与租赁的信息如表 2—7 所示，值得注意的是：

（1）购买厂房只能在每年年末规定的时间进行，购买时只需要将等值现金放到厂房价值位置即可；已购买的厂房不需要交纳租金。

（2）如果厂房中有生产线，购买厂房后可不用支付当年的厂房租金，即到交纳厂房租金的操作时，在购买厂房与交纳租金中，只选择一种操作即可。

（3）厂房可随时出售，例如，厂房内有生产线，要求出售同时转为租赁，租赁厂房每年年末支付租金，租赁期不满一年按照一年计算租金。

（4）如果当年使用过厂房（其中有过生产线），但到最后一个季度将生产线出售了，也就是说运行到“支付租金”项目时，厂房中已经没有生产线了，这种情况不需要交纳租金。

（5）厂房不需要提折旧。

表 2—7　　　　厂房的购买、出售与租赁信息

厂房	购价	租金	售价（账期）	容量
新华厂区	40M	6M/年	40M（2Q）	4 条生产线
上中厂区	30M	4M/年	30M（1Q）	3 条生产线
法华厂区	15M	2M/年	15M	1 条生产线

三、生产线购买、转产与维修、出售的规则

不同类型的生产线能够反映企业生产组织的效率和灵活性，即在单位时间内，生产产品数量和转产生产新产品时设备调整的难易性。生产线费用与周期规则如表 2—8 所示。

表 2—8　　　　生产线费用与周期规则

生产线	购买价格	安装周期	生产周期	转产周期	转产费用	维护费用	出售残值	搬迁周期
手工生产线	5M	1Q	3Q	无	无	1M/年	1M	无
半自动生产线	10M	2Q	2Q	1Q	2M	1M/年	2M	无
全自动生产线	15M	3Q	1Q	2Q	6M	2M/年	3M	1Q
柔性生产线	25M	4Q	1Q	无	无	2M/年	5M	1Q

（1）每一种生产线都能生产 Beryl、Crystal、Ruby 和 Sapphire 产品。

（2）生产线转产：生产线转产是指生产线转产生产其他产品，例如，半自动生产线原来生产 Beryl 产品，如果转产 Crystal 产品，需要改装生产线，根据表 2—8 规则所示，需要停工一个周期，并支付 2M 的转产费用。手工生产线和柔性生产线转产时不需要停产及支付费用；半自动生产线和全自动生产线转产时需要停产一定周期并支付转产费用。生产线上若有在制品不允许转产。

（3）生产线不允许各组之间相互买卖。

（4）新生产线的购买价格按安装周期平均支付，全部投资到位后方可投入使用。

（5）生产线折旧：当年建设完成的生产线计入在建工程，当年不提折旧；生产线折旧按购买价格的 1/5 向上取整计算折旧，如（10/5）=2；当生产线净值等于出售残值时，生

产线停止折旧。生产线完成折旧后，可以继续使用，不用提取折旧。

（6）生产线维护：每条建设完成的生产线支付相应的设备维护费，维护费年末交。生产线安装完成的当年，不论是否开工生产，都必须交纳维护费；正在进行转产的生产线也必须交纳维护费。当年售出的生产线、新购正在安装的生产线不交纳维护费。

（7）生产线出售。只有生产线空闲时，才允许出售。

第五节　产品研发和 ISO 认证规则

一、产品研发规则

企业目前可以生产并销售 Beryl 产品，根据预测，另有技术含量依次递增的三种产品有待开发。不同产品的研发时间和研发投资是不同的，如表 2—9 所示。

表 2—9　　**不同产品的研发时间和研发投资**

产品	Crystal	Ruby	Sapphire
研发时间	4Q	6Q	8Q
研发投资	1M/季度	2M/季度	2M/季度

（1）不同新产品研发投资可以同时进行，例如，在第一年第一季度，同时研发 Crystal 产品和 Ruby 产品。

（2）新产品研发投资按季度支付，必须完成投资后方可生产。

（3）所有投资均不得加速投资，但可以随时中止或中断。

（4）产品研发投资的费用计入当年综合管理费。

二、产品研发技术转让规则

产品研发结束后，可以进行相应技术转让，技术出让费大于或等于研发投资费用，而且允许竞标。

三、ISO 认证规则

随着客户质量意识和环境意识的提高，要求企业产品获得 ISO 认证。而企业要进行 ISO 认证，需要经过一段时间并花费一定费用，不同认证花费的时间和费用也不同，如表 2—10 所示。

表 2—10　　**ISO 认证投入时间和认证投资的费用**

管理体系	ISO9000	ISO14000
建立时间	1 年	2 年
所需投资	1M/年	1M/年

（1）两项 ISO 认证投资可以同时进行，相应投资完成后才能取得资格。

（2）所有投资均不得加速投资（集中或超前投资），但可以随时中止或中断。

（3）认证投资的费用计入当年综合管理费。

第六节　财务管理规则

一、融资渠道管理规则

企业融资渠道主要有银行贷款、高利贷以及应收账款贴现三种。采用不同融资渠道的费用如表 2—11 所示。

表 2—11　　企业融资渠道费用

贷款类型	贷款时间	贷款额度	年息	还款方式
长期贷款	每年年末	10M 起贷，必须按 10M 的倍数申请	10%	年末付息，到期还本
短期贷款	每季度初	20M 起贷，必须按 20M 的倍数申请	5%	到期还本付息
高利贷	任何时间	与银行协商，10M 为基本贷款单位	20%	到期还本付息
应收账款贴现	任何时间	根据应收账款额度	贴现比例	变现时贴息

1. 银行贷款

（1）在经营期间，只允许向银行贷款，企业间不允许私自融资。

（2）一般情况下银行贷款总额（已有长期贷款＋已有短期贷款）≤上一年所有者权益×2，新申请贷款的额度要减去已贷款数。

（3）长期贷款最长期限为 6 年，最短期限为 1 年；长期贷款每年必须归还利息，到期还本，本利双清后，如果还有贷款额度时，才允许重新申请贷款。如果有贷款需要归还，同时还拥有贷款额度时，必须先归还到期的全部长期贷款，才能申请新贷款。不能以新的长期贷款还旧的长期贷款（续贷），短期贷款也按本规定执行。

（4）短期贷款期限为 4 个季度，贷款到期后还本付息。

（5）年度经营结束时，不要求归还未到期的长、短期贷款。

（6）长、短期贷款不允许提前还款。

2. 高利贷

（1）高利贷贷款期限为一年（同短期贷款），到归还时间进行还本付息。

（2）高利贷以 10M 为基本贷款单位。

（3）高利贷可以随时申请，即在运行过程中的任何时间都可以申请高利贷，但高利贷计息时间为运营当季的短期贷款申请时间，并随短期贷款的更新时间更新。

（4）年度经营结束时，要求归还全部高利贷，否则，凡借入高利贷的企业均按每 10M 扣减 10 分来计算总分。

3. 贴现

（1）在经营过程中应收账款可随时进行贴现，包括用于次年支付广告费。

（2）贴现时，要考虑其账期长短，贴现比例为：1Q：1/12；2Q：1/10；3Q：1/8；4Q：1/6。注意应收账款额多少应按照不同账期比例，分别取12、10、8、6的整数倍进行，保证贴现数值是整数。例如，将应收账款（4Q）转为现金，应支付的费用，比例为1：5；拿14M应收账款贴现，其中，3M作为贴现费要交给银行，而11M转为现金。

二、综合费用与折旧、税金

（1）除购买厂房、设备外，行政管理费、市场开拓、营销广告、生产线转产、设备维护、厂房租金、ISO认证、产品研发等计入综合管理费。

（2）行政管理费每季度末支付1M。

（3）每年年末，按当年利润的25%向上取整计提所得税，并计入应交税金，在下一年年初交纳。

（4）出现盈利时，按弥补以前年度亏损后的余额计提所得税。

第七节　经营过程规则

（1）各模拟企业的成员必须按照角色分配来完成相应职能单位的工作。

（2）CEO按照企业运营流程（任务清单）的顺序带领全组进行工作，不能超前或者滞后。

（3）当执行完规定的任务后，每个成员都要在任务清单完成框中打钩或记录与自己岗位相关的生产要素的变化数据，例如，财务总监在任务项目对应方格内填写现金收支情况，采购总监记录材料库中原材料的变化数据，生产总监记录在制品的变化数据，销售总监负责竞标及把产品卖出去等，以便于整体数据的汇总、检查、计算和分析。

（4）借、还贷款记录。由财务总监填写“贷款登记表”，并携带企业“资产负债表”到银行（教师扮演）进行贷款或还款登记，审核无误时可领取或归还贷款。

（5）原材料订单及采购记录。原材料订单和采购入库必须填写“采购订单登记表”，当每季度运行到采购入库时，携带现金、“采购订单登记表”（黄色筹码）到供应商处（教师扮演）购买原材料。

（6）交货记录。交货时携带产品、订单和销售总监的“订单登记表”到交易处交货，收取应收账款，并在“应收账款登记表”上作应收账款登记，收到的应收账款放在企业盘面上现金或应收账期处。

（7）产品、市场开发、ISO认证记录。每年年末需填写“综合费用表”，填写本年度研发的产品、开发的市场、ISO认证的投资额。

（8）现金收支记录。在企业运营过程表的任务清单中，财务总监在每一任务项目的记录方格中记录现金收支数据。

（9）上报报表。每年运行结束后，各小组需要在规定的时间内上报规定的“综合费用表”、“利润表”、“资产负债表”三张报表。若财务报表不平，则由教师强行平账。

任务六

模拟经营结果评分规则学习

第一节 破产规则

（1）当企业的所有者权益小于零以及现金流断裂时，即为破产。

（2）破产后，企业可以继续经营，但必须按照产能争取订单，破产的小组不参与第一轮成绩排名。

第二节 模拟经营总成绩计算

经过7个会计年度的经营，各小组的成绩按照下式确定：

企业经营总成绩＝所有者权益×90%＋经营成绩合计×10%

经营成绩包括如下内容：

（1）厂房：拥有新华厂房加40分，拥有上中厂房加30分，拥有法华厂房加20分。但厂房必须要使用过，即在该厂房内至少生产出来一件产品。

（2）生产线：拥有手工生产线每条加5分，半自动生产线每条加10分，全自动生产线每条加15分，柔性生产线每条加20分。但生产线必须要使用过，否则不能获得加分。

（3）融资渠道：高利贷即扣减20分，长期贷款每10M扣减5分，短期贷款每20M扣减10分。

（4）技术研发：Crystal产品开发完成加20分，Ruby产品开发完成加30分，Sapphire产品开发完成加40分。

（5）ISO认证：ISO9000认证完成加15分，ISO14000认证完成加30分。

（6）市场开拓：区域市场开发完成加10分，国内市场开发完成加20分，亚洲市场开发完成加 30 分，国际市场开发完成加 40 分。

（7）市场领先：每一个产品最后一年市场领先得分 10 分，由老师统计公布市场领先的情况。最终市场排名如表 2—12 所示。

表 2—12　　最终市场排名

组名	Beryl	Crystal	Ruby	Sapphire
本地				
区域				
国内				
亚洲				
国际				

（8）每年度末提交报表，如果未按时提交，每分钟罚 1 分；财务报表不平、强行平账、账实不符等罚 10 分；未按照规则运作，每一次违规罚 10 分。

第三篇

实验篇

ERP

组建团队

【实验目的】

（1）理解团队的内涵。
（2）理解企业内部职能结构的划分和岗位职责。
（3）掌握团队名称的设计。

【实验任务】

（1）组建团队。
（2）分配角色。
（3）设计团队的名称、口号和标识 Logo。
（4）展示团队。
（5）填写评分表（见附录一）。

【知识准备】

阅读知识链接一。

【实验步骤】

（1）成立经营管理团队，按实验要求分配角色，明确不同角色的主要任务。

学生按自愿原则划分为由 5～7 人组成的团队，每个团队独立经营一家生产型企业。团队成员分别担任企业总裁（CEO）、营销总监（CMO）、生产总监（COO）、财务总监（CFO）、研发总监（CTO）、信息总监（CIO），如果学生人数较多，可增加财务助理和生产助理等角色。

(2) 设计团队名称、团队竞争口号、团队标识（Logo）。

(3) 展示团队。CEO 带领团队成员上台介绍成员分工、团队名称、团队 Logo 及寓意。团队成员需一起大声喊出团队口号，鼓舞团队士气。

(4) 团队成员按沙盘中设计的角色位置入座，如图 3—1 所示。

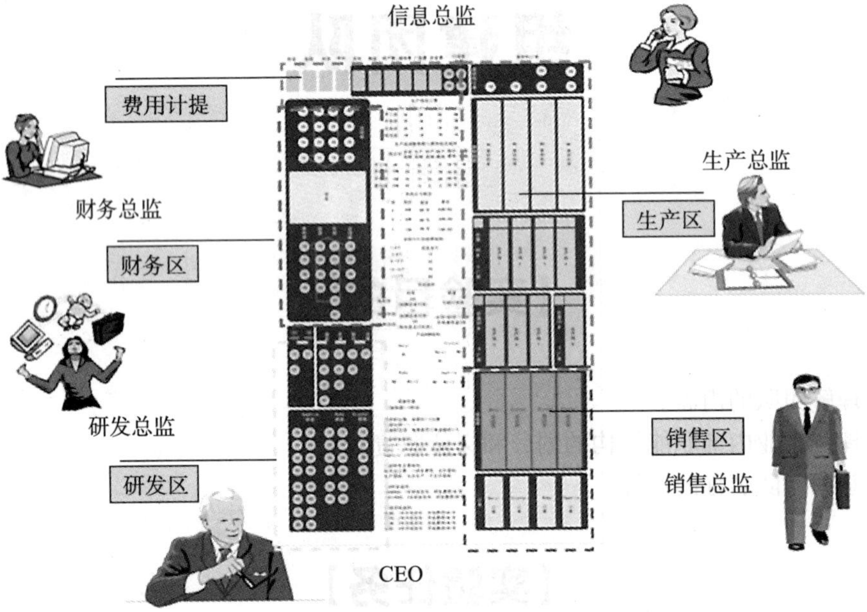

图 3—1　ERP 沙盘角色座位安排示意图

温馨提示

(1) CEO 带领团队成员上台做展示时，其他人不可扰乱课堂秩序，违规者将被扣分。

(2) 角色分配后并不是一成不变的，可根据个人实际情况或团队需要进行调整。

实验二

企业模拟年运营

【实验目的】

（1）体验 ERP 沙盘经营中不同岗位的主要工作内容。
（2）熟悉各种实验教具功能的使用。
（3）熟悉企业的经营流程和运营规则。
（4）体验企业中不同部门之间的分工与协作关系。
（5）掌握财务报表的编制方法。

【实验任务】

（1）在教师的带领下完成企业初始盘面的布置，具体要求如下：

➢现金：20M

➢应收账款：15M，如图 3—2 所示。

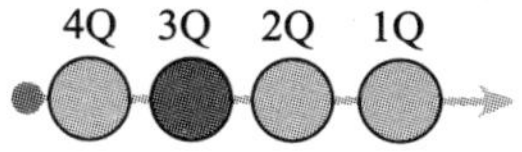

图 3—2　应收账款的情况

➢在制品（筹码＋现金）：8M，如图 3—3 所示。

➢成品：3 个 Beryl：6M（3 个蓝色的 M1 原材料筹码和 3 个灰色的现金筹码放在仓库）

➢原材料（蓝色 M1 筹码）：3 个 M1：3M

➢原材料订单（黄色 M1 筹码）：2 个

➢拥有厂房 A（灰色筹码）：价值 40M

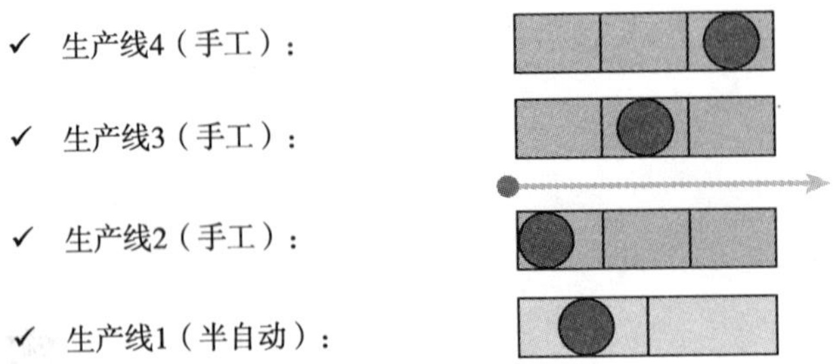

图 3—3　在制品的情况

➢机器和设备现有价值（灰色筹码）：手工生产线净值 3M、半自动生产线净值 4M，设备价值共计 13M

➢长期贷款（红色筹码）：4 年、5 年各 20M，共计 40M

（2）在教师带领下，根据模拟年企业运营过程表（表 3—5）完成企业模拟年运营，模拟年运营事项如表 3—1 所示，财务人员记录企业模拟年现金流。

表 3—1　　**企业模拟年运营事项**

订单	生产	其他
Beryl（Y0，本地） 6×5.4M=32M 账期：2Q 交货：Q2	每季度订购 1 批 M1 原材料 生产持续进行	不进行任何贷款 不投资新的生产线 不进行产品研发 不购买新厂房 不开拓新市场 不进行 ISO 认证

（3）根据企业模拟年运行的结果编制财务报表（综合费用表、利润表、资产负债表）。

【知识准备】

阅读知识链接二。

【实验步骤】

1. 初始盘面布置

（1）流动资产现金 20M：财务总监拿一满桶灰色现金筹码（共计 20M）放置于盘面现金区域。

（2）3Q（3 个账期）的应收账款 15M：财务总监拿一个空桶，装 15 个灰色筹码，置于应收账款 3 账期的位置。

（3）一个价值 40M 的大厂房：财务总监将两桶灰色现金筹码等值资金放置于大厂房价值处。

（4）价值13M的生产设备：包括三条手工生产线和一条半自动生产线，经过折旧后，目前手工生产线账面价值为3M，半自动生产线账面价值为4M。财务总监取四个空桶，分别置入3M、3M、3M、4M，并放置于相应生产线下方的“设备价值”处。

（5）在制品价值8M：每条生产线上各有一个Beryl产品。其中，手工生产线有三个生产周期，靠近原材料库的为第一周期，三条手工生产线上的三个Beryl在制品分别位于第一、二、三周期；半自动生产线有两个生产周期，Beryl在制品位于第一周期。每个Beryl产品成本由两部分构成：蓝色筹码原材料费1M和灰色筹码人工费1M，由生产总监、采购总监与财务总监配合将四个Beryl在制品摆放到生产线上的相应位置。

（6）成品价值6M：Beryl成品库中有三个成品，每个成品由一个蓝色原材料筹码M1和一个灰色现金筹码（人工费）构成。由生产总监、采购总监与财务总监配合制作三个Beryl成品并摆放到Beryl的成品库中。

（7）原材料价值3M：M1原材料库中有三个原材料，每个价值1M，由采购总监取三个蓝色M1放置到M1原材料库。

（8）原材料订单：向供应商发出的原材料订货单，预定两个原材料M1，由采购总监将两个黄色M1原材料订单筹码放置在原材料订单处。

（9）长期贷款40M（4年期20M、5年期20M）：由财务总监将两个内置20M红色贷款筹码的小桶分别置于长期贷款第四年和第五年的位置。对长期贷款来说，沙盘上的纵列代表年度，离现金库最近的为第一年，以此类推。

（10）应交税金1M：税金是下一年度初交纳的，此时没有对应操作。

（11）所有者权益中股东资本为50M，利润留存11M，年度净利润3M：在财务报表中体现，盘面没有直观显示。

2. 企业模拟年运营

（1）CEO带领团队作出重要决策，填写重要决策表，如表3—2所示。

表3—2　　模拟年重要决策表

时间	重要决策
年初	●投放1M广告 ●获取一个32M的订单
一季度	●不进行短期贷款 ●不投资新的生产线 ●不进行产品研发 ●参加订货会，支付1M广告费 ●订购一批原材料M1
二季度	●不进行短期贷款 ●不投资新的生产线 ●不进行产品研发 ●订购一批原材料M1
三季度	●不进行短期贷款 ●不投资新的生产线 ●不进行产品研发 ●订购一批原材料M1

续前表

时间	重要决策
四季度	●不进行短期贷款 ●不投资新的生产线 ●不进行产品研发 ●订购一批原材料 M1
年末	●不进行长期贷款 ●不购买新厂房 ●不开拓新市场 ●不进行 ISO 认证

（2）营销总监填写广告投放单，如表 3—3 所示。

表 3—3　　模拟年广告投放单

年度	市场类型 \ 广告费 \ 产品	Beryl	Crystal	Ruby	Sapphire
第年	本地	1M			
	区域				
	国内				
	亚洲				
	国际				

（3）参加订货会，营销总监选择产品订单，并在模拟年订单信息登记表中填写所获取订单的内容，如表 3—4 所示。

表 3—4　　模拟年订单信息登记表

订单项目	内容	填写说明
市场	本地	●选单结束后填写 ●根据所获取的订单填写
产品名称		
账期		
交货期		
单价		
订单数量		
订单销售额		
成本		●成本与生产产品使用的生产线类型、产品自身结构有关。生产线类型决定了产品的加工费用，产品结构决定了产品的原材料成本，成本等于加工费与原材料成本相加之和 ●毛利等于订单销售额与产品总成本之差 ●“成本”、“毛利”在交货时填写
毛利		

（4）按模拟年企业运营过程表（表3—5）所列内容，在盘面上完成企业模拟年经营活动，财务人员同时在模拟年现金流量表（表3—6）中做好对现金流入和流出的记录。

表3—5 企业运营过程表

①新年度规划会议				
②参加订货会/支付广告费				
③登记销售订单				
④制定新年度计划				
⑤支付应交税金（根据上年度结果）				
每个季度：	一季度	二季度	三季度	四季度
①季初盘点				
②申请短期贷款/更新短期贷款/短期贷款还本付息				
③更新应付账款/归还应付账款				
④更新原材料订单/原材料入库				
⑤下原材料订单				
⑥更新生产/完工入库				
⑦投资新生产线/生产线转产/变卖生产线				
⑧向其他企业购买原材料/出售原材料				
⑨开始下一批生产				
⑩更新应收账款/应收账款收现				
⑪出售厂房				
⑫向其他企业购买成品/出售成品				
⑬按订单交货				
⑭产品研发投资				
⑮支付行政管理费用				
⑯其他现金情况记录				
⑰季末盘点				
每年年末：				
①长期贷款支付利息/更新长期贷款/申请长期贷款				
②支付设备维护费				
③支付租金（或购买厂房）				
④折旧				
⑤新市场开拓投资/ISO资格认证投资				
⑥关账，编制报表				

表 3—6　　　　　　　　　　　　　　模拟年现金流量表

项目	一季度	二季度	三季度	四季度
应收账款到期（+）				
变卖生产线（+）				
变卖原材料（+）				
变卖厂房（+）				
短期贷款（+）				
高利贷贷款（+）				
长期贷款（+）				
其他				
收入总计				
支付上年应交税金				
支付广告费				
贴现费用				
归还短期贷款及利息				
归还高利贷及利息				
原材料采购支付现金				
成品采购支付现金				
生产线转产费				
生产线投资				
产品加工费				
产品研发费				
行政管理费				
长期贷款及利息				
维护费				
租金				
购买新建筑				
新市场开拓投资				
ISO 资格认证投资				
其他				
支出总计				
现金余额				

3. 编制模拟年财务报告

财务总监根据企业实际运营结果编制模拟年财务报表，即表 3—7、表 3—8、表 3—9。

表 3—7　　综合费用表　　单位：百万

项目	金额
广告费	1
转产费	0
产品研发	0
行政管理	4
维护费	4
租金	0
市场开拓	0
ISO 认证	0
其他	0
合计	9

表 3—8　　利润表　　单位：百万

项目	年初数	期末数
一、销售收入	35	
减：成本	12	
二、毛利	23	
减：综合费用	11	
折旧	4	
财务净损益	4	
三、营业利润	4	
加：营业外净收益	0	
四、利润总额	4	
减：所得税	1	
五、净利润	3	

表 3—9　　资产负债表　　单位：百万

资产	年初数	期末数	负债及所有者权益	年初数	期末数
流动资产：			负债：		
现金	20		短期负债	0	
应收账款	15		应付账款	0	
原材料	3		应交税金	1	
产成品	6		长期负债	40	
在制品	8				
流动资产合计	52		负债合计	41	
固定资产：			所有者权益：		
土地建筑净值	40		股东资本	50	
机器设备净值	13		以前年度利润	11	
在建工程	0		当年净利润	3	
固定资产合计	53		所有者权益合计	64	
资产总计	105		负债及所有者权益总计	105	

实验三

解读市场预测图

【实验目的】

（1）理解企业进行市场预测的重要性。
（2）能够对市场预测图进行分析并获取信息。
（3）能够根据预测信息进行各种决策。

【实验任务】

（1）根据实际分组[①]查看相应市场预测图（见附录二），并进行定性分析。
（2）将预测图数字化，并提取有价值的信息。
（3）根据市场信息和竞争规则确定企业发展策略，制定经营计划。

【知识准备】

阅读知识链接三。

【实验步骤】

1. 根据预测图进行定性分析

查看市场产品需求量预测图，找出 1～6 年中在本地、区域、国内、亚洲和国际市场

① 教师根据班级实际人数，可将实验组划分为 6 或 9 个。

上，按产品需求量排名位于前两名的产品，并填写在表3—10中。

表3—10　　1～6年按需求量排名位于前两名的产品

市场＼年份	1	2	3	4	5	6
本地	NO. 1： NO. 2：	NO. 1： NO. 2：	NO. 1： NO. 2：	NO. 1： NO. 2：	NO. 1： NO. 2：	NO. 1： NO. 2：
区域		NO. 1： NO. 2：	NO. 1： NO. 2：	NO. 1： NO. 2：	NO. 1： NO. 2：	NO. 1： NO. 2：
国内			NO. 1： NO. 2：	NO. 1： NO. 2：	NO. 1： NO. 2：	NO. 1： NO. 2：
亚洲				NO. 1： NO. 2：	NO. 1： NO. 2：	NO. 1： NO. 2：
国际					NO. 1： NO. 2：	NO. 1： NO. 2：

查看产品价格预测图，找出1～6年中在本地、区域、国内、亚洲和国际市场上，价格排名前两名的产品，并填写在表3—11中。

表3—11　　1～6年按价格排名位于前两名的产品

市场＼年份	1	2	3	4	5	6
本地	NO. 1： NO. 2：	NO. 1： NO. 2：	NO. 1： NO. 2：	NO. 1： NO. 2：	NO. 1： NO. 2：	NO. 1： NO. 2：
区域		NO. 1： NO. 2：	NO. 1： NO. 2：	NO. 1： NO. 2：	NO. 1： NO. 2：	NO. 1： NO. 2：
国内			NO. 1： NO. 2：	NO. 1： NO. 2：	NO. 1： NO. 2：	NO. 1： NO. 2：
亚洲				NO. 1： NO. 2：	NO. 1： NO. 2：	NO. 1： NO. 2：
国际					NO. 1： NO. 2：	NO. 1： NO. 2：

一般来说，企业会选择价格高、市场需求量大的产品，据综合表3—10、表3—11的产品信息可知，企业在第一年可关注____________市场____________产品；第二年可关注____________市场____________产品；第三年可关注____________市场____________产品；第四年可关注____________市场____________产品；第五年可关注____________市场____________产品；第六年可关注____________市场____________产品。

2. 预测图数字化

决策科学化意味着决策必须要建立在准确的数字基础之上，预测图虽然能反映出产品未来的价格趋势和需求量趋势，但还不能精确反映产品的价格和需求量，这不利于企业准确计算产品的利润，也不利于企业进行量本利分析，因此，企业需要进一步将预测图进行数字化处理。

下面以六组市场预测图（详见第二篇“模拟企业发展预测”）为例进行分析：

（1）产品价格数字化。根据预测图显示，每种产品在本地市场上的具体价格如表3—12所示。

表3—12　　本地市场1～6年产品价格

产品＼年份	1	2	3	4	5	6
Beryl	6	5	4.1	4	3.9	3.8
Crystal						
Ruby						
Sapphire						

（2）产品需求量数字化。根据预测图显示，每种产品在本地市场上的具体需求量如表3—13所示。

表3—13　　本地市场1～6年产品需求量

产品＼年份	1	2	3	4	5	6
Beryl	20	18	17	16	13	7
Crystal						
Ruby						
Sapphire						

以此类推，将区域、国内、亚洲、国际四个市场中的产品价格和需求量数字化，并填写在表3—14至表3—21中。

表3—14　　区域市场1～6年产品价格

产品＼年份	1	2	3	4	5	6
Beryl						
Crystal						
Ruby						
Sapphire						

表 3—15　　区域市场 1～6 年产品需求量

产品＼年份	1	2	3	4	5	6
Beryl						
Crystal						
Ruby						
Sapphire						

表 3—16　　国内市场 1～6 年产品价格

产品＼年份	1	2	3	4	5	6
Beryl						
Crystal						
Ruby						
Sapphire						

表 3—17　　国内市场 1～6 年产品需求量

产品＼年份	1	2	3	4	5	6
Beryl						
Crystal						
Ruby						
Sapphire						

表 3—18　　亚洲市场 1～6 年产品价格

产品＼年份	1	2	3	4	5	6
Beryl						
Crystal						
Ruby						
Sapphire						

表 3—19　　亚洲市场 1～6 年产品需求量

产品＼年份	1	2	3	4	5	6
Beryl						
Crystal						
Ruby						
Sapphire						

表 3—20　　国际市场 1～6 年产品价格

产品＼年份	1	2	3	4	5	6
Beryl						
Crystal						
Ruby						
Sapphire						

表 3—21　　国际市场 1～6 年产品需求量

产品＼年份	1	2	3	4	5	6
Beryl						
Crystal						
Ruby						
Sapphire						

3. 估计本组每年（1～6 年）在市场可获得的平均产品数量

企业处在一个竞争的市场环境中，很难在市场中处于绝对垄断地位，因此，市场上对产品的需求量很难由一家企业去满足。在经营中，需要判断在某个市场上，对某种产品的供应商有几家，即与你提供相同产品的竞争对手有几组。你的这些竞争对手将与你一起瓜分市场，所以需估计出自己在市场上可获得的平均产品数量是多少。

用不同市场中产品的总需求量数据除以组数 N，就可以得到 1～6 年不同市场上每组可获得的平均产品数量。依据平均产品数量，各组就可以确定不同年份中不同产品的生产数量和对该产品的广告投放量。下面以本地市场为例进行分析，用表 3—22 中的数据除以组数 6，就可以估计出每组可得到的产品数量。可以看到，在 Beryl 本地市场中，每组可获得的平均产品数量第一年至第四年约为 3 个，第五年和第六年约为 2 个。

表 3—22　　本地市场每组在 1～6 年可获得的平均产品数量

产品＼年份	1	2	3	4	5	6
Beryl	20/6	18/6	17/6	16/6	13/6	12/6
Crystal						
Ruby						
Sapphire						

注意：不同年份不同市场进入的组数会发生变化，因此，在经营中需要时刻关注市场的变化。若在第三年，Beryl 本地市场上只有 4 组，则组数由 6 变为 4，那么每组可获得的平均产品数量就从 3 个变为 4 个。

以此类推，将区域、国内、亚洲、国际四个市场的每组在 1～6 年可获得的平均产品数量，填写在表 3—23 至表 3—26 中。

表 3—23　　区域市场每组在 1～6 年可获得的平均产品数量

产品＼年份	1	2	3	4	5	6
Beryl						
Crystal						
Ruby						
Sapphire						

表 3—24　　国内市场每组在 1～6 年可获得的平均产品数量

产品＼年份	1	2	3	4	5	6
Beryl						
Crystal						
Ruby						
Sapphire						

表 3—25　　亚洲市场每组在 1～6 年可获得的平均产品数量

产品＼年份	1	2	3	4	5	6
Beryl						
Crystal						
Ruby						
Sapphire						

表 3—26　　国际市场每组在 1～6 年可获得的平均产品数量

产品＼年份	1	2	3	4	5	6
Beryl						
Crystal						
Ruby						
Sapphire						

4. 估计每组平均可供应量

估计 1～6 年各种产品在市场上的总需求量，并填写表 3—27 至表 3—30。根据产品平均供应量＝总需求量/组数，可估计每个组的平均可供应量，并填写表 3—31 至表 3—34。根据平均可供应量，每个组可确定在不同年份对不同产品的产量。

表 3—27　　Beryl 在 1～6 年的产品总需求量

市场＼年份	1	2	3	4	5	6
本地						
区域						
国内						
亚洲						
国际						
合计						

表 3—28　　Crystal 在 1～6 年的产品总需求量

市场＼年份	1	2	3	4	5	6
本地						
区域						
国内						
亚洲						
国际						
合计						

表 3—29 Ruby 在 1～6 年的产品总需求量

市场 \ 年份	1	2	3	4	5	6
本地						
区域						
国内						
亚洲						
国际						
合计						

表 3—30 Sapphire 在 1～6 年的产品总需求量

市场 \ 年份	1	2	3	4	5	6
本地						
区域						
国内						
亚洲						
国际						
合计						

表 3—31 Beryl 产品在 1～6 年的每组平均可供应量

项目 \ 年份	1	2	3	4	5	6
合计						
平均供应量						

表 3—32 Crystal 产品在 1～6 年的每组平均可供应量

项目 \ 年份	1	2	3	4	5	6
合计						
平均供应量						

表 3—33 Ruby 产品在 1～6 年的每组平均可供应量

项目 \ 年份	1	2	3	4	5	6
合计						
平均供应量						

表 3—34　　Sapphire 产品在 1～6 年的每组平均可供应量

项目＼年份	1	2	3	4	5	6
合计						
平均供应量						

注意：不同年份不同市场进入的组数在发生变化，因此在经营中需时刻关注整个市场的变化。同时，利用此数据信息可合理进行产品组合、确定开发的市场。

5. 根据市场信息和竞争规则，确定企业经营规划

综合上述分析，企业可确定在未来 6 年运营中每年拟要进入的市场、拟销售的产品，并填写表 3—35。

表 3—35　　企业市场与产品规划

策略＼年份	1	2	3	4	5	6
市场战略						
产品战略						

企业经营模拟

【实验目的】

（1）理解 ERP 管理的核心思想。

（2）了解企业运营过程。

（3）掌握企业计划的编制。

（4）理解企业运营价值最大化的内涵。

（5）掌握科学决策的基本方法。

（6）能够对企业的经营数据进行分析。

【实验任务】

（1）依据 1～6 年的任务清单完成企业 6 年的运营。

（2）编制企业 1～6 年的年度经营规划、主生产计划、销售计划、物料需求计划、资金需求计划。

（3）编制 1～6 年的企业财务报表。

（4）根据经营数据，进行各种分析。

（5）运营结束后，CEO 带领组员对企业的经营过程进行总结，并提交个人角色体验报告和小组经营结果分析报告。

【知识准备】

阅读知识链接四、知识链接五、知识链接六。

【实验步骤】

1. 第一年经营

CEO带领团队按企业运营过程表3—36所列任务在盘面上完成第一年的经营活动，并填写表3—37至表3—47；第一年运营结束后，财务总监编制财务报表3—48至表3—50。

注意：每执行完一项操作，由CEO在相应的方格内打钩，其他总监在方格中填写相关数据。

表3—36　　第一年企业运营过程表

(1) 新年度规划会议				
(2) 参加订货会/支付广告费				
(3) 登记销售订单				
(4) 制定新年度计划				
(5) 支付应交税金（根据上年度结果）				
每个季度：	一季度	二季度	三季度	四季度
(1) 季初盘点				
(2) 短期贷款还本付息/更新短期贷款/申请短期贷款				
(3) 更新应付账款/归还应付账款				
(4) 更新原材料订单/原材料入库				
(5) 下原材料订单				
(6) 更新生产/完工入库				
(7) 投资新生产线/生产线转产/变卖生产线				
(8) 向其他企业购买原材料/出售原材料				
(9) 开始下一批生产				
(10) 更新应收账款/应收账款收现				
(11) 出售厂房				
(12) 向其他企业购买成品/出售成品				
(13) 按订单交货				
(14) 产品研发投资				
(15) 支付行政管理费用				
(16) 其他现金情况记录				
(17) 季末盘点				

每年年末：				
（1）长期贷款支付利息/更新长期贷款/申请长期贷款				
（2）支付设备维护费				
（3）支付租金（或购买厂房）				
（4）折旧				
（5）新市场开拓投资/ISO资格认证投资				
（6）关账，编制报表				

表3—37 **第一年运营规划**

运营年	市场战略	产品战略	厂房		生产线		产品研发		市场开拓	ISO认证	筹资策略		
			租	买	类型	数量					长期贷款（M）	短期贷款（M）	
第一年							1Q					1Q	
							2Q					2Q	
							3Q					3Q	
							4Q					4Q	

表3—38 **第一年企业产量预估**

	Beryl	Crystal	Ruby	Sapphire
1Q				
2Q				
3Q				
4Q				
合计				

表3—39 **第一年产品库存登记信息**

	Beryl	Crystal	Ruby	Sapphire
库存				

表3—40 **第一年可销售量估计**

	Beryl	Crystal	Ruby	Sapphire
1Q				
2Q				
3Q				
4Q				
合计				

表 3—41　　第一年广告费投放登记表

年度	产品 广告费 市场类型	Beryl	Crystal	Ruby	Sapphire
第一年	本地				
	区域				
	国内				
	亚洲				
	国际				

表 3—42　　第一年获取订单登记表

项目 订单	市场	产品名称	账期	交货期	单价	订单数量	订单销售额	成本	毛利	合计
(1)										
(2)										
(3)										
(4)										
(5)										
(6)										
(7)										
(8)										
(9)										
(10)										
(11)										
(12)										
(13)										
(14)										
(15)										
(16)										
(17)										
(18)										
(19)										
(20)										

表 3—43　　第一年原材料采购计划

原材料＼季度	期初库存数量	采购数量			
		1Q	2Q	3Q	4Q
M1					
M2					
M3					
M4					

表 3—44　　第一年资金预算

事项＼季度	1Q	2Q	3Q	4Q
期初存量				
本季收入				
本季支出				
资金缺口				

表 3—45　　第一年资金筹资计划

方式＼季度	1Q	2Q	3Q	4Q
长期贷款（M）				
短期贷款（M）				
贴现（M）				
高利贷（M）				

表 3—46　　第一年运营结果信息记录表

厂房		生产线		研发产品		市场		ISO 认证		筹资（M）				
租	买	类型	数量	已完成	在研	已完成	开拓中	已完成	正开发	长期贷款	短期贷款		高利贷	
											1Q		1Q	
											2Q		2Q	
											3Q		3Q	
											4Q		4Q	

表 3—47　　第一年现金流量表

项目	一季度	二季度	三季度	四季度
应收账款到期（+）				
变卖生产线（+）				
变卖原材料/产品（+）				
变卖厂房（+）				
短期贷款（+）				
高利贷贷款（+）				
长期贷款（+）				
其他				
收入总计				
支付上年应交税金				
广告费				
贴现费用				
归还短期贷款及利息				
归还高利贷及利息				
原材料采购支付现金				
成品采购支付现金				
转产费				
生产线投资				
加工费用				
产品研发				
行政管理费				
长期贷款及利息				
维护费				
租金				
购买新建筑				
新市场开拓投资				
ISO 资格认证投资				
其他				
支出总计				
现金余额				

第一年企业财务报表

表 3—48　　综合费用表　单位：百万

项目	金额
广告费	
转产费	
产品研发	
行政管理	
维护费	
租金	
市场开拓	
ISO 认证	
其他	
合计	

表 3—49　　利润表　单位：百万

项目	年初数	期末数
一、销售收入		
减：成本		
二、毛利		
减：综合费用		
折旧		
财务净损益		
三、营业利润		
加：营业外净收益		
四、利润总额		
减：所得税		
五、净利润		

表 3—50　　资产负债表　单位：百万

资产	年初数	期末数	负债及所有者权益	年初数	期末数
流动资产：			负债：		
现金			短期负债		
应收账款			应付账款		
原材料			应交税金		
产成品			长期负债		
在制品					
流动资产合计			负债合计		
固定资产：			所有者权益：		
土地建筑净值			股东资本		
机器设备净值			以前年度利润		
在建工程			当年净利润		
固定资产合计			所有者权益合计		
资产总计			负债及所有者权益总计		

2. 第二年经营

CEO 带领团队按企业运营过程表 3—51，在盘面上完成第二年经营活动，并填写表 3—52 至表 3—62，运营结束后，编制财务报表 3—63 至表 3—65。

表 3—51 第二年企业运营过程表

(1) 新年度规划会议				
(2) 参加订货会/支付广告费				
(3) 登记销售订单				
(4) 制定新年度计划				
(5) 支付应交税金（根据上年度结果）				
每个季度：	一季度	二季度	三季度	四季度
(1) 季初盘点				
(2) 短期贷款还本付息/更新短期贷款/申请短期贷款				
(3) 更新应付账款/归还应付账款				
(4) 更新原材料订单/原材料入库				
(5) 下原材料订单				
(6) 更新生产/完工入库				
(7) 投资新生产线/生产线转产/变卖生产线				
(8) 向其他企业购买原材料/出售原材料				
(9) 开始下一批生产				
(10) 更新应收账款/应收账款收现				
(11) 出售厂房				
(12) 向其他企业购买成品/出售成品				
(13) 按订单交货				
(14) 产品研发投资				
(15) 支付行政管理费用				
(16) 其他现金情况记录				
(17) 季末盘点				
每年年末：				
(1) 长期贷款支付利息/更新长期贷款/申请长期贷款				
(2) 支付设备维护费				
(3) 支付租金（或购买厂房）				
(4) 折旧				
(5) 新市场开拓投资/ISO资格认证投资				
(6) 关账，编制报表				

表 3—52 第二年运营规划

运营年	市场战略	产品战略	厂房		生产线		产品研发		市场开拓	ISO 认证	筹资策略		
			租	买	类型	数量					长期贷款（M）	短期贷款（M）	
第二年							1Q					1Q	
							2Q					2Q	
							3Q					3Q	
							4Q					4Q	

表 3—53 第二年企业产量预估

	Beryl	Crystal	Ruby	Sapphire
1Q				
2Q				
3Q				
4Q				
合计				

表 3—54 第二年产品库存登记信息

	Beryl	Crystal	Ruby	Sapphire
库存				

表 3—55 第二年可销售量估计

	Beryl	Crystal	Ruby	Sapphire
1Q				
2Q				
3Q				
4Q				
合计				

表 3—56 第二年广告费投放登记表

年度	产品 / 广告费 / 市场类型	Beryl	Crystal	Ruby	Sapphire
第二年	本地				
	区域				
	国内				
	亚洲				
	国际				

表 3—57　　第二年获取订单登记表

项目 / 订单	市场	产品名称	账期	交货期	单价	订单数量	订单销售额	成本	毛利	合计
(1)										
(2)										
(3)										
(4)										
(5)										
(6)										
(7)										
(8)										
(9)										
(10)										
(11)										
(12)										
(13)										
(14)										
(15)										
(16)										
(17)										
(18)										
(19)										
(20)										

表 3—58　　第二年原材料采购计划

季度 / 原材料	期初库存数量	采购数量			
		1Q	2Q	3Q	4Q
M1					
M2					
M3					
M4					

表 3—59 第二年资金预算

季度 事项	1Q	2Q	3Q	4Q
期初存量				
本季收入				
本季支出				
资金缺口				

表 3—60 第二年资金筹资计划

季度 方式	1Q	2Q	3Q	4Q
长期贷款（M）				
短期贷款（M）				
贴现（M）				
高利贷（M）				

表 3—61 第二年运营结果信息记录表

厂房		生产线		研发产品		市场		ISO 认证		筹资（M）				
租	买	类型	数量	已完成	在研	已完成	开拓中	已完成	正开发	长期贷款	短期贷款		高利贷	
											1Q		1Q	
											2Q		2Q	
											3Q		3Q	
											4Q		4Q	

表 3—62 第二年现金流量表

项目	一季度	二季度	三季度	四季度
应收账款到期（＋）				
变卖生产线（＋）				
变卖原材料/产品（＋）				
变卖厂房（＋）				
短期贷款（＋）				
高利贷贷款（＋）				
长期贷款（＋）				
其他				
收入总计				
支付上年应交税金				

续前表

项目	一季度	二季度	三季度	四季度
广告费				
贴现费用				
归还短期贷款及利息				
归还高利贷及利息				
原材料采购支付现金				
成品采购支付现金				
转产费				
生产线投资				
加工费用				
产品研发				
行政管理费				
长期贷款及利息				
维护费				
租金				
购买新建筑				
新市场开拓投资				
ISO 资格认证投资				
其他				
支出总计				
现金余额				

第二年企业财务报表

表 3—63　　综合费用表　单位：百万

项目	金额
广告费	
转产费	
产品研发	
行政管理	
维护费	
租金	
市场开拓	
ISO 认证	
其他	
合计	

表 3—64　　利润表　单位：百万

项目	年初数	期末数
一、销售收入		
减：成本		
二、毛利		
减：综合费用		
折旧		
财务净损益		
三、营业利润		
加：营业外净收益		
四、利润总额		
减：所得税		
五、净利润		

表 3—65　　资产负债表　　单位：百万

资产	年初数	期末数	负债及所有者权益	年初数	期末数
流动资产：			负债：		
现金			短期负债		
应收账款			应付账款		
原材料			应交税金		
产成品			长期负债		
在制品					
流动资产合计			负债合计		
固定资产：			所有者权益：		
土地建筑净值			股东资本		
机器设备净值			以前年度利润		
在建工程			当年净利润		
固定资产合计			所有者权益合计		
资产总计			负债及所有者权益总计		

3. 第三年经营

CEO 带领团队按企业运营过程表 3—66，在盘面上完成第三年经营活动，并填写表 3—67 至表 3—77，运营结束后，编制财务报表 3—78 至表 3—80。

表 3—66　　第三年企业运营过程表

(1) 新年度规划会议				
(2) 参加订货会/支付广告费				
(3) 登记销售订单				
(4) 制定新年度计划				
(5) 支付应交税金（根据上年度结果）				
每个季度：	一季度	二季度	三季度	四季度
(1) 季初盘点				
(2) 短期贷款还本付息/更新短期贷款/申请短期贷款				
(3) 更新应付账款/归还应付账款				
(4) 更新原材料订单/原材料入库				
(5) 下原材料订单				
(6) 更新生产/完工入库				
(7) 投资新生产线/生产线转产/变卖生产线				
(8) 向其他企业购买原材料/出售原材料				

(9) 开始下一批生产				
(10) 更新应收账款/应收账款收现				
(11) 出售厂房				
(12) 向其他企业购买成品/出售成品				
(13) 按订单交货				
(14) 产品研发投资				
(15) 支付行政管理费用				
(16) 其他现金情况记录				
(17) 季末盘点				
每年年末：				
(1) 长期贷款支付利息/更新长期贷款/申请长期贷款				
(2) 支付设备维护费				
(3) 支付租金（或购买厂房）				
(4) 折旧				
(5) 新市场开拓投资/ISO 资格认证投资				
(6) 关账，编制报表				

表 3—67　　第三年运营规划

运营年	市场战略	产品战略	厂房		生产线		产品研发		市场开拓	ISO 认证	筹资策略		
			租	买	类型	数量					长期贷款（M）	短期贷款（M）	
第三年							1Q					1Q	
							2Q					2Q	
							3Q					3Q	
							4Q					4Q	

表 3—68　　第三年企业产量预估

	Beryl	Crystal	Ruby	Sapphire
1Q				
2Q				
3Q				
4Q				
合计				

表 3—69　　第三年产品库存登记信息

	Beryl	Crystal	Ruby	Sapphire
库存				

表 3—70　　第三年可销售量估计

	Beryl	Crystal	Ruby	Sapphire
1Q				
2Q				
3Q				
4Q				
合计				

表 3—71　　第三年广告费投放登记表

年度	产品 / 广告费 / 市场类型	Beryl	Crystal	Ruby	Sapphire
第三年	本地				
	区域				
	国内				
	亚洲				
	国际				

表 3—72　　第三年获取订单登记表

项目 / 订单	市场	产品名称	账期	交货期	单价	订单数量	订单销售额	成本	毛利	合计
(1)										
(2)										
(3)										
(4)										
(5)										
(6)										
(7)										
(8)										
(9)										
(10)										

续前表

项目 订单	市场	产品名称	账期	交货期	单价	订单数量	订单销售额	成本	毛利	合计
(11)										
(12)										
(13)										
(14)										
(15)										
(16)										
(17)										
(18)										
(19)										
(20)										

表 3—73　　第三年原材料采购计划

季度 原材料	期初库存数量	采购数量			
		1Q	2Q	3Q	4Q
M1					
M2					
M3					
M4					

表 3—74　　第三年资金预算

季度 事项	1Q	2Q	3Q	4Q
期初存量				
本季收入				
本季支出				
资金缺口				

表 3—75　　第三年资金筹资计划

季度 方式	1Q	2Q	3Q	4Q
长期贷款（M）				
短期贷款（M）				
贴现（M）				
高利贷（M）				

表 3—76　　第三年运营结果信息记录表

<table>
<tr><th colspan="2">厂房</th><th colspan="2">生产线</th><th colspan="2">研发产品</th><th colspan="2">市场</th><th colspan="2">ISO 认证</th><th colspan="5">筹资（M）</th></tr>
<tr><th>租</th><th>买</th><th>类型</th><th>数量</th><th>已完成</th><th>在研</th><th>已完成</th><th>开拓中</th><th>已完成</th><th>正开发</th><th>长期贷款</th><th colspan="2">短期贷款</th><th colspan="2">高利贷</th></tr>
<tr><td rowspan="4"></td><td rowspan="4"></td><td rowspan="4"></td><td rowspan="4"></td><td rowspan="4"></td><td rowspan="4"></td><td rowspan="4"></td><td rowspan="4"></td><td rowspan="4"></td><td rowspan="4"></td><td rowspan="4"></td><td>1Q</td><td></td><td>1Q</td><td></td></tr>
<tr><td>2Q</td><td></td><td>2Q</td><td></td></tr>
<tr><td>3Q</td><td></td><td>3Q</td><td></td></tr>
<tr><td>4Q</td><td></td><td>4Q</td><td></td></tr>
</table>

表 3—77　　第三年现金流量表

项目	一季度	二季度	三季度	四季度
应收账款到期（+）				
变卖生产线（+）				
变卖原材料/产品（+）				
变卖厂房（+）				
短期贷款（+）				
高利贷贷款（+）				
长期贷款（+）				
其他				
收入总计				
支付上年应交税金				
广告费				
贴现费用				
归还短期贷款及利息				
归还高利贷及利息				
原材料采购支付现金				
成品采购支付现金				
转产费				
生产线投资				
加工费用				
产品研发				
行政管理费				
长期贷款及利息				
维护费				
租金				

续前表

项目	一季度	二季度	三季度	四季度
购买新建筑				
新市场开拓投资				
ISO 资格认证投资				
其他				
支出总计				
现金余额				

第三年企业财务报表

表 3—78　　综合费用表　单位：百万

项目	金额
广告费	
转产费	
产品研发	
行政管理	
维护费	
租金	
市场开拓	
ISO 认证	
其他	
合计	

表 3—79　　利润表　单位：百万

项目	年初数	期末数
一、销售收入		
减：成本		
二、毛利		
减：综合费用		
折旧		
财务净损益		
三、营业利润		
加：营业外净收益		
四、利润总额		
减：所得税		
五、净利润		

表 3—80　　资产负债表　单位：百万

资产	年初数	期末数	负债及所有者权益	年初数	期末数
流动资产：			负债：		
现金			短期负债		
应收账款			应付账款		
原材料			应交税金		
产成品			长期负债		
在制品					
流动资产合计			负债合计		
固定资产：			所有者权益：		
土地建筑净值			股东资本		

续前表

资产	年初数	期末数	负债及所有者权益	年初数	期末数
机器设备净值			以前年度利润		
在建工程			当年净利润		
固定资产合计			所有者权益合计		
资产总计			负债及所有者权益总计		

4. 第四年经营

CEO带领团队按企业运营过程表3—81，在盘面上完成第四年经营活动，并填写表3—82至表3—92，运营结束后，编制财务报表3—93至表3—95。

表3—81　　第四年企业运营过程表

(1) 新年度规划会议				
(2) 参加订货会/支付广告费				
(3) 登记销售订单				
(4) 制定新年度计划				
(5) 支付应交税金（根据上年度结果）				
每个季度：	一季度	二季度	三季度	四季度
(1) 季初盘点				
(2) 短期贷款还本付息/更新短期贷款/申请短期贷款				
(3) 更新应付账款/归还应付账款				
(4) 更新原材料订单/原材料入库				
(5) 下原材料订单				
(6) 更新生产/完工入库				
(7) 投资新生产线/生产线转产/变卖生产线				
(8) 向其他企业购买原材料/出售原材料				
(9) 开始下一批生产				
(10) 更新应收账款/应收账款收现				
(11) 出售厂房				
(12) 向其他企业购买成品/出售成品				
(13) 按订单交货				
(14) 产品研发投资				
(15) 支付行政管理费用				
(16) 其他现金情况记录				
(17) 季末盘点				

每年年末：				
（1）长期贷款支付利息/更新长期贷款/申请长期贷款				
（2）支付设备维护费				
（3）支付租金（或购买厂房）				
（4）折旧				
（5）新市场开拓投资/ISO 资格认证投资				
（6）关账，编制报表				

表 3—82　　第四年运营规划

运营年	市场战略	产品战略	厂房		生产线		产品研发		市场开拓	ISO 认证	筹资策略		
			租	买	类型	数量					长期贷款（M）	短期贷款（M）	
第四年							1Q					1Q	
							2Q					2Q	
							3Q					3Q	
							4Q					4Q	

表 3—83　　第四年企业产量预估

	Beryl	Crystal	Ruby	Sapphire
1Q				
2Q				
3Q				
4Q				
合计				

表 3—84　　第四年产品库存登记信息

	Beryl	Crystal	Ruby	Sapphire
库存				

表 3—85　　第四年可销售量估计

	Beryl	Crystal	Ruby	Sapphire
1Q				
2Q				
3Q				
4Q				
合计				

表 3—86 **第四年广告费投放登记表**

年度	产品 / 广告费 / 市场类型	Beryl	Crystal	Ruby	Sapphire
第四年	本地				
	区域				
	国内				
	亚洲				
	国际				

表 3—87 **第四年获取订单登记表**

项目 / 订单	市场	产品名称	账期	交货期	单价	订单数量	订单销售额	成本	毛利	合计
(1)										
(2)										
(3)										
(4)										
(5)										
(6)										
(7)										
(8)										
(9)										
(10)										
(11)										
(12)										
(13)										
(14)										
(15)										
(16)										
(17)										
(18)										
(19)										
(20)										

表 3—88　　　　　　　　　　　　第四年原材料采购计划

季度 原材料	期初库存数量	采购数量			
		1Q	2Q	3Q	4Q
M1					
M2					
M3					
M4					

表 3—89　　　　　　　　　　　　第四年资金预算

季度 事项	1Q	2Q	3Q	4Q
期初存量				
本季收入				
本季支出				
资金缺口				

表 3—90　　　　　　　　　　　　第四年资金筹资计划

季度 方式	1Q	2Q	3Q	4Q
长期贷款（M）				
短期贷款（M）				
贴现（M）				
高利贷（M）				

表 3—91　　　　　　　　　　　　第四年运营结果信息记录表

厂房		生产线		研发产品		市场		ISO 认证		筹资（M）				
租	买	类型	数量	已完成	在研	已完成	开拓中	已完成	正开发	长期贷款	短期贷款		高利贷	
											1Q		1Q	
											2Q		2Q	
											3Q		3Q	
											4Q		4Q	

表 3—92

第四年现金流量表

项目	一季度	二季度	三季度	四季度
应收账款到期（+）				
变卖生产线（+）				
变卖原材料/产品（+）				
变卖厂房（+）				
短期贷款（+）				
高利贷贷款（+）				
长期贷款（+）				
其他				
收入总计				
支付上年应交税金				
广告费				
贴现费用				
归还短期贷款及利息				
归还高利贷及利息				
原材料采购支付现金				
成品采购支付现金				
转产费				
生产线投资				
加工费用				
产品研发				
行政管理费				
长期贷款及利息				
维护费				
租金				
购买新建筑				
新市场开拓投资				
ISO 资格认证投资				
其他				
支出总计				
现金余额				

第四年财务报表

表 3—93　　**综合费用表**　　单位：百万

项目	金额
广告费	
转产费	
产品研发	
行政管理	
维护费	
租金	
市场开拓	
ISO 认证	
其他	
合计	

表 3—94　　**利润表**　　单位：百万

项目	年初数	期末数
一、销售收入		
减：成本		
二、毛利		
减：综合费用		
折旧		
财务净损益		
三、营业利润		
加：营业外净收益		
四、利润总额		
减：所得税		
五、净利润		

表 3—95　　**资产负债表**　　单位：百万

资产	年初数	期末数	负债及所有者权益	年初数	期末数
流动资产：			负债：		
现金			短期负债		
应收账款			应付账款		
原材料			应交税金		
产成品			长期负债		
在制品					
流动资产合计			负债合计		
固定资产：			所有者权益：		
土地建筑净值			股东资本		
机器设备净值			以前年度利润		
在建工程			当年净利润		
固定资产合计			所有者权益合计		
资产总计			负债及所有者权益总计		

5. 第五年经营

CEO 带领团队按企业运营过程表 3—96，在盘面上完成第五年经营活动，并填写表 3—97 至表 3—107，运营结束后，编制财务报表 3—108 至表 3—110。

表 3—96　　　　第五年企业运营过程表

（1）新年度规划会议				
（2）参加订货会/支付广告费				
（3）登记销售订单				
（4）制定新年度计划				
（5）支付应交税金（根据上年度结果）				
每个季度：	一季度	二季度	三季度	四季度
（1）季初盘点				
（2）短期贷款还本付息/更新短期贷款/申请短期贷款				
（3）更新应付账款/归还应付账款				
（4）更新原材料订单/原材料入库				
（5）下原材料订单				
（6）更新生产/完工入库				
（7）投资新生产线/生产线转产/变卖生产线				
（8）向其他企业购买原材料/出售原材料				
（9）开始下一批生产				
（10）更新应收账款/应收账款收现				
（11）出售厂房				
（12）向其他企业购买成品/出售成品				
（13）按订单交货				
（14）产品研发投资				
（15）支付行政管理费用				
（16）其他现金情况记录				
（17）季末盘点				
每年年末：				
（1）长期贷款支付利息/更新长期贷款/申请长期贷款				
（2）支付设备维护费				
（3）支付租金（或购买厂房）				
（4）折旧				
（5）新市场开拓投资/ISO 资格认证投资				
（6）关账，编制报表				

表 3—97　　第五年运营规划

运营年	市场战略	产品战略	厂房		生产线		产品研发		市场开拓	ISO 认证	筹资策略		
			租	买	类型	数量					长期贷款(M)	短期贷款(M)	
第五年							1Q					1Q	
							2Q					2Q	
							3Q					3Q	
							4Q					4Q	

表 3—98　　第五年企业产量预估

	Beryl	Crystal	Ruby	Sapphire
1Q				
2Q				
3Q				
4Q				
合计				

表 3—99　　第五年产品库存登记信息

	Beryl	Crystal	Ruby	Sapphire
库存				

表 3—100　　第五年可销售量估计

	Beryl	Crystal	Ruby	Sapphire
1Q				
2Q				
3Q				
4Q				
合计				

表 3—101　　第五年广告费投放登记表

年度	产品 / 广告费 / 市场类型	Beryl	Crystal	Ruby	Sapphire
第五年	本地				
	区域				
	国内				
	亚洲				
	国际				

表 3—102　　　　　　　　　　　　第五年获取订单登记表

项目 订单	市场	产品名称	账期	交货期	单价	订单数量	订单销售额	成本	毛利	合计
(1)										
(2)										
(3)										
(4)										
(5)										
(6)										
(7)										
(8)										
(9)										
(10)										
(11)										
(12)										
(13)										
(14)										
(15)										
(16)										
(17)										
(18)										
(19)										
(20)										

表 3—103　　　　　　　　　　　　第五年原材料采购计划

季度 原材料	期初库存数量	采购数量			
		1Q	2Q	3Q	4Q
M1					
M2					
M3					
M4					

表 3—104　　第五年资金预算

事项＼季度	1Q	2Q	3Q	4Q
期初存量				
本季收入				
本季支出				
资金缺口				

表 3—105　　第五年资金筹资计划

方式＼季度	1Q	2Q	3Q	4Q
长期贷款（M）				
短期贷款（M）				
贴现（M）				
高利贷（M）				

表 3—106　　第五年运营结果信息记录表

厂房		生产线		研发产品		市场		ISO 认证		筹资（M）				
租	买	类型	数量	已完成	在研	已完成	开拓中	已完成	正开发	长期贷款	短期贷款		高利贷	
											1Q		1Q	
											2Q		2Q	
											3Q		3Q	
											4Q		4Q	

表 3—107　　第五年现金流量表

项目	一季度	二季度	三季度	四季度
应收账款到期（+）				
变卖生产线（+）				
变卖原材料/产品（+）				
变卖厂房（+）				
短期贷款（+）				
高利贷贷款（+）				
长期贷款（+）				
其他				
收入总计				
支付上年应交税金				

续前表

项目	一季度	二季度	三季度	四季度
广告费				
贴现费用				
归还短期贷款及利息				
归还高利贷及利息				
原材料采购支付现金				
成品采购支付现金				
转产费				
生产线投资				
加工费用				
产品研发				
行政管理费				
长期贷款及利息				
维护费				
租金				
购买新建筑				
新市场开拓投资				
ISO 资格认证投资				
其他				
支出总计				
现金余额				

第五年财务报表

表 3—108　综合费用表　单位：百万

项目	金额
广告费	
转产费	
产品研发	
行政管理	
维护费	
租金	
市场开拓	
ISO 认证	
其他	
合计	

表 3—109　利润表　单位：百万

项目	年初数	期末数
一、销售收入		
减：成本		
二、毛利		
减：综合费用		
折旧		
财务净损益		
三、营业利润		
加：营业外净收益		
四、利润总额		
减：所得税		
五、净利润		

表 3—110 资产负债表 单位：百万

资产	年初数	期末数	负债及所有者权益	年初数	期末数
流动资产：			负债：		
现金			短期负债		
应收账款			应付账款		
原材料			应交税金		
产成品			长期负债		
在制品					
流动资产合计			负债合计		
固定资产：			所有者权益：		
土地建筑净值			股东资本		
机器设备净值			以前年度利润		
在建工程			当年净利润		
固定资产合计			所有者权益合计		
资产总计			负债及所有者权益总计		

6. 第六年经营

CEO 带领团队按企业运营过程表 3—111，在盘面上完成第六年经营活动，并填写表 3—112 至表 3—122，运营结束后，编制财务报表 3—123 至表 3—125。

表 3—111 第六年企业运营过程表

(1) 新年度规划会议				
(2) 参加订货会/支付广告费				
(3) 登记销售订单				
(4) 制定新年度计划				
(5) 支付应交税金（根据上年度结果）				
每个季度：	一季度	二季度	三季度	四季度
(1) 季初盘点				
(2) 短期贷款还本付息/更新短期贷款/申请短期贷款				
(3) 更新应付账款/归还应付账款				
(4) 更新原材料订单/原材料入库				
(5) 下原材料订单				
(6) 更新生产/完工入库				
(7) 投资新生产线/生产线转产/变卖生产线				

(8) 向其他企业购买原材料/出售原材料				
(9) 开始下一批生产				
(10) 更新应收账款/应收账款收现				
(11) 出售厂房				
(12) 向其他企业购买成品/出售成品				
(13) 按订单交货				
(14) 产品研发投资				
(15) 支付行政管理费用				
(16) 其他现金情况记录				
(17) 季末盘点				
每年年末:				
(1) 长期贷款支付利息/更新长期贷款/申请长期贷款				
(2) 支付设备维护费				
(3) 支付租金(或购买厂房)				
(4) 折旧				
(5) 新市场开拓投资/ISO 资格认证投资				
(6) 关账,编制报表				

表 3—112　　　　第六年运营规划

运营年	市场战略	产品战略	厂房		生产线		产品研发		市场开拓	ISO 认证	筹资策略		
			租	买	类型	数量					长期贷款(M)	短期贷款(M)	
第六年							1Q					1Q	
							2Q					2Q	
							3Q					3Q	
							4Q					4Q	

表 3—113　　　　第六年企业产量预估

	Beryl	Crystal	Ruby	Sapphire
1Q				
2Q				
3Q				
4Q				
合计				

表 3—114　　第六年产品库存登记信息

	Beryl	Crystal	Ruby	Sapphire
库存				

表 3—115　　第六年可销售量估计

	Beryl	Crystal	Ruby	Sapphire
1Q				
2Q				
3Q				
4Q				
合计				

表 3—116　　第六年广告费投放登记表

年度	产品 / 广告费 / 市场类型	Beryl	Crystal	Ruby	Sapphire
第六年	本地				
	区域				
	国内				
	亚洲				
	国际				

表 3—117　　第六年获取订单登记表

项目 / 订单	市场	产品名称	账期	交货期	单价	订单数量	订单销售额	成本	毛利	合计
(1)										
(2)										
(3)										
(4)										
(5)										
(6)										
(7)										
(8)										
(9)										
(10)										
(11)										

续前表

订单＼项目	市场	产品名称	账期	交货期	单价	订单数量	订单销售额	成本	毛利	合计
(12)										
(13)										
(14)										
(15)										
(16)										
(17)										
(18)										
(19)										
(20)										

表 3—118　　第六年原材料采购计划

原材料＼季度	期初库存数量	采购数量			
		1Q	2Q	3Q	4Q
M1					
M2					
M3					
M4					

表 3—119　　第六年资金预算

事项＼季度	1Q	2Q	3Q	4Q
期初存量				
本季收入				
本季支出				
资金缺口				

表 3—120　　第六年资金筹资计划

方式＼季度	1Q	2Q	3Q	4Q
长期贷款（M）				
短期贷款（M）				
贴现（M）				
高利贷（M）				

表 3—121　　第六年运营结果信息记录表

厂房		生产线		研发产品		市场		ISO 认证		筹资（M）				
租	买	类型	数量	已完成	在研	已完成	开拓中	已完成	正开发	长期贷款	短期贷款		高利贷	
											1Q		1Q	
											2Q		2Q	
											3Q		3Q	
											4Q		4Q	

表 3—122　　第六年现金流量表

项目	一季度	二季度	三季度	四季度
应收账款到期（+）				
变卖生产线（+）				
变卖原材料/产品（+）				
变卖厂房（+）				
短期贷款（+）				
高利贷贷款（+）				
长期贷款（+）				
其他				
收入总计				
支付上年应交税金				
广告费				
贴现费用				
归还短期贷款及利息				
归还高利贷及利息				
原材料采购支付现金				
成品采购支付现金				
转产费				
生产线投资				
加工费用				
产品研发				
行政管理费				
长期贷款及利息				
维护费				
租金				

续前表

项目	一季度	二季度	三季度	四季度
购买新建筑				
新市场开拓投资				
ISO 资格认证投资				
其他				
支出总计				
现金余额				

第六年财务报表

表 3—123 **综合费用表** 单位：百万

项目	金额
广告费	
转产费	
产品研发	
行政管理	
维护费	
租金	
市场开拓	
ISO 认证	
其他	
合计	

表 3—124 **利润表** 单位：百万

项目	年初数	期末数
一、销售收入		
减：成本		
二、毛利		
减：综合费用		
折旧		
财务净损益		
三、营业利润		
加：营业外净收益		
四、利润总额		
减：所得税		
五、净利润		

表 3—125 **资产负债表** 单位：百万

资产	年初数	期末数	负债及所有者权益	年初数	期末数
流动资产：			负债：		
现金			短期负债		
应收账款			应付账款		
原材料			应交税金		
产成品			长期负债		
在制品					
流动资产合计			负债合计		
固定资产：			所有者权益：		
土地建筑净值			股东资本		

续前表

资产	年初数	期末数	负债及所有者权益	年初数	期末数
机器设备净值			以前年度利润		
在建工程			当年净利润		
固定资产合计			所有者权益合计		
资产总计			负债及所有者权益总计		

7. 企业经营结果分析

CEO 带领全队成员对企业六年的经营活动进行总结分析，并撰写个人角色体验报告。

第四篇

知识篇

ERP

知识链接一

团　队

第一节　团队的概念及构成要素

管理学家罗宾斯认为团队是由两个或者两个以上的相互作用、相互依赖的个体，为了特定目标而按照一定规则结合在一起的组织。

团队的构成要素包括5P，即目标（Purpose）、人（People）、定位（Place）、权力（Power）和计划（Plan）。

（1）目标。团队应该有一个既定的目标，为团队成员导航，没有目标这个团队就没有存在的价值。

（2）人。人是构成团队最核心的力量，两个（包含两个）以上的人就可以构成团队。团队的目标是由不同的人通过分工与协作共同实现的，在一个团队中需要有人出主意，有人定计划，有人负责实施，还有人负责监督。

（3）定位。定位包括团队定位和个人定位。所谓团队定位是指团队在企业中处于什么位置，由谁选择和决定团队的成员，团队最终应对谁负责；所谓个体定位是指作为成员之一，个体在团队中扮演什么角色。

（4）权力。团队权力关系包括两个方面：一是整个团队在组织中拥有什么样的决定权？例如，财务决定权、人事决定权还是信息决定权等；二是组织的基本特征，例如，组织的规模大小、业务类型，组织对于团队的授权有多大等。

（5）计划。目标的实现需要一系列具体的行动方案，可以把计划理解为目标的具体工作程序。只有在执行计划的过程中，团队才会一步一步贴近目标，最终实现目标。

第二节　团队的口号

《现代汉语词典》将“口号”解释为“供口头呼喊的有纲领性和鼓动作用的简短句

子”。团队的口号能够反映一个团队的目标、士气，促进团队成员的意识和能动性，使其为实现团队的共同目标去努力。

团队口号的作用主要体现在以下三个方面：一是团队口号可以点燃团队的激情；二是团队口号可以加强团队的合作意识；三是团队口号可以加快团队成员完成任务的进程。

设计团队口号时要注意以下几点：一是团队口号要朗朗上口；二是团队口号要容易记忆；三是团队口号要有震撼力；四是团队口号要与企业目标有关联。

第三节　高效团队的特征

一个高效的团队具有以下几个特征：

1. 目标清晰

高效的团队对所要达到的目标要有清晰的了解，并坚信这一目标具有重大意义和价值。而且，这种目标的重要性还在于能够激励团队成员把个人目标升华到团队目标中去。在高效的团队中，成员愿意为团队目标作出承诺，能够清楚地知道团队希望他做什么工作，以及如何与其他成员一起工作最后完成团队目标。

2. 技能相关

高效的团队是由一群有能力的成员组成的。他们具备实现理想目标所必需的技术和能力，而且相互之间有能够良好合作的个性品质，从而出色地完成任务。

3. 相互信任

成员间相互信任是高效团队的显著特征，也就是说，每个成员对其他人的品行和能力都确信不疑。我们在日常的人际关系中都能体会到，信任需要花大量的时间去培养而且又很容易被破坏。通常来说，只有信任他人才能换来被他人信任。

4. 一致的承诺

高效的团队中成员对团队表现出高度的忠诚和承诺，为了能使团队获得成功，他们愿意去做任何事情，团队成员的这种忠诚和奉献被称为一致的承诺。

对成功团队的研究发现，团队成员对他们所在的团队具有认同感，他们把自己属于该团队的身份看做是自我的一个重要方面。因此，一致的承诺这一特征表现为对团队成员的奉献精神，他们愿意为实现这一目标而调动和发挥自己的最大潜能。

5. 良好的沟通

毋庸置疑，良好的沟通是高效团队必不可少的特征。团队成员通过畅通的渠道交流信息，包括语言和非语言信息。此外，管理层与团队成员之间健康的信息反馈也是良好沟通的重要特征，它有助于管理者指导团队成员的行动，消除误解。

6. 优秀的领导者

优秀的领导者能够让团队跟随自己共同度过最艰难的时期，他们向成员阐明变革的可能性，鼓舞团队成员的自信心，帮助他们更充分地了解自己的潜力。

优秀的领导者不一定非得指示或控制，高效团队的领导者往往担任的是教练和后盾的角色，他们为团队提供指导和支持，但并不试图去控制它。

第四节　ERP 沙盘模拟团队

ERP 沙盘模拟需要以团队方式完成，团队成员的构成及分工如下：

（1）企业总裁（CEO）：负责制定企业的整体战略，能够协调小组成员之间的不同意见。

（2）研发总监（CTO）：负责 ISO 认证开发和产品开发，同时协助生产总监制定生产计划。

（3）生产总监（COO）：负责企业的产品生产，包括制定产品的生产计划，主要职责是按照销售计划和预测按时制造出产品，同时控制库存产成品和在制品的数量。

（4）营销总监（CMO）：负责企业的外部市场和产品的销售工作，包括参加订货会获取订单、销售产品、向其他竞争对手销售产品，主要目标是增加企业的销售收入。

（5）财务总监（CFO）：负责资金的运作，特别需要关注企业的现金流，不能出现现金流枯竭；每次现金的变动都需要登记入账；控制企业成本、费用；承担财务报表的编制工作。

（6）信息总监（CIO）：负责对竞争对手的情报进行分析，为企业决策提供依据。

（7）采购总监（CPO）：负责编制并实施原材料采购计划，分析各种原材料的供应渠道及市场供求变化情况，力求从价格上、质量上把好第一关，确保能够在合适的时间点采购生产需要的原材料品种及数量，为企业正常生产做好保障。

不同管理角色的工作重点可以参考表 4—1 所列内容。

表 4—1　　ERP 沙盘模拟管理角色工作重点说明

角色	工作重点
企业总裁	建立以整体利益为导向的组织
	培养不同部门人员共同的价值观与经营理念
	评估内部资源与外部环境，制定发展战略
	市场趋势预测、调整既定战略
	培养团队，提高团队的工作士气
	实地学习如何在立场不同的各部门间沟通协调
研发总监	制定产品研发决策
	ISO 认证开发
	必要时作出修改研发计划，甚至中断项目的决定
生产总监	选择获取生产能力的方式（购买或租赁）
	设备更新与生产线改良
	制定全盘生产流程调度决策
	匹配产品交货期、交货数量与设备产能
	库存管理及产销配合

续前表

角色	工作重点
营销总监	制定市场开发决策
	制定新产品开发、产品组合与市场定位决策
	模拟在市场中短兵相接的订单竞标过程，抢攻市场
	建立并维护市场地位、必要时作出退出市场的决策
财务总监	制定投资计划，评估应收账款的金额与回收期
	预估长、短期资金需求，寻求资金来源
	掌握资金的来源与用途，妥善控制企业成本
	洞悉资金短缺前兆，以最佳方式筹措资金
	运用财务指标进行内部诊断，协助管理决策
	如何以有限资金转亏为盈、创造高利润
	编制财务报表、评估决策效益
	分析财务报表、掌握报表重点与数据含义
信息总监	刺探同行信息
	进行情报分析
采购总监	编制并实施采购计划

知识链接二

财务报表

第一节　企业财务报表体系的构成

企业财务报表是指企业对外提供的反映企业某一特定时期的财务状况和某一会计期间的经营成果、现金流量等会计信息的文件。目前，企业的基本财务报表一般包括资产负债表、利润表、现金流量表。

一、资产负债表

资产负债表是财务报表体系中的核心报表，它是以“资产＝负债＋所有者权益”为平衡关系，反映企业在某一特定日期的财务状况。

（1）资产。资产是企业因过去的交易或事项而形成，并由企业拥有或控制的能以货币计量的经济资源，这些资源预期会给企业带来经济利益。我国的会计准则把资产分为流动资产和非流动资产。需要强调的是：一是资产是企业可以利用的资源，而不仅仅指所有者在企业中拥有的财产；二是资产具有增值性，没有增值能力的资产属于不良资产。

（2）负债。负债是指企业由于过去的交易或事项而引起的、现在承担的、将在未来向其他经济组织或个人交付资产或提供劳务的责任。负债按偿还期的长短不同，一般分为短期负债和长期负债。

（3）所有者权益。所有者权益是指企业的所有者对企业净资产的要求权，是扣除债权人权益后的剩余权益，是企业价值的账面表现，包括企业所有者对企业的投入资本以及形成的资本公积、盈余公积和未分配利润等。

资产负债表的特点在于：一是它反映相关项目在静态时点上累计余额的结果，但不能反映相关项目的变动过程；二是它是报表体系中包含信息最全面的一张表。

二、利润表

利润表是反映企业某一会计期间的经营成果的报表，它可以提供企业在月度、季度或年度内实现的收入、发生的费用、应计入当期利润的利得和损失，以反映当期净利润或亏损的形成情况。

（1）利润。利润包括收入减去费用后的净额，以及直接计入当期利润的利得和损失等。

（2）收入。收入是指企业在日常活动中形成的、会导致所有者权益增加的、与所有者投入资本无关的经济利益的总流入。收入只有在经济利益很可能流入从而导致企业资产增加或者负债减少，且经济利益的流入额能够可靠计量时才能予以确认。收入包括营业收入、投资收益、营业外收入等。

（3）费用。费用是指企业在日常活动中发生的、会导致所有者权益减少的、与向所有者分配利润无关的经济利益的总流出。费用只有在经济利益很可能流出从而导致企业资产减少或者负债增加，且经济利益的利润额能够可靠计量时才能予以确认。费用包括已经确认收入的营业成本、管理费用、销售费用、财务费用、营业外支出、营业税金及附加和所得税等。

编制利润表的目的在于比较和评价企业不同期间盈利能力及其质量的差异，为保证这种比较的客观公正性，会计上选择了权责发生制而不是现金收付制作为利润相关项目的确认标准。

三、现金流量表

现金流量表是反映企业在一定会计期间现金流入与现金流出情况的报表（这里的现金指货币资金和现金等价物）。该表解释了资产负债表中货币资金和现金等价物的余额的变动过程。现金流量活动被分解为经营活动现金流量、投资活动现金流量和筹资活动现金流量三部分。

第二节　企业财务报表分析的含义及其作用

财务报表是企业会计信息的主要载体。财务报表分析是指以企业财务报表为主要依据，对其中相关项目增减变动的原因及其内在联系进行分析，借以判断其相关项目的质量，最终对企业当前的整体财务状况、经营成果和现金流量状况作出综合评价，以反映企业经营策略的利弊得失，并借此对企业未来的财务状况、经营成果和现金流量状况作出预测，最终为财务报表使用者的经济决策提供必要信息的一种分析活动。

概括起来说，财务报表分析至少应具有以下两个方面的作用：

（1）财务报表分析可以为企业管理者进行经营决策提供有用的信息。企业财务管理的根本目标是努力实现企业价值的最大化。财务报表分析作为企业财务管理的重要组成部分，有助于管理者了解企业的盈利能力和资金周转状况，不断挖掘企业改善财务状况、扩大财务成果的内部潜力，充分认识未被利用的人力资源和物质资源，寻找不良资产区域及形成原因，发现进一步提高资产利用效率的可能性，以便从各方面揭露矛盾、找出差距、寻求措施，促进企业生产经营活动按照企业价值最大化的目标实现良性运行。同时，由于财务报表分析不仅分析企业的历史业绩水平，还注重分析企业未来的长期发展能力，因此它还可以为企业长期战略的制定和实施提供重要的信息支持。

（2）财务报表分析可以为投资者和债权人进行投资和信贷决策提供有用的信息。企业目前和潜在的投资者、债权人是企业外部重要的财务报表使用者，他们为了选择投资和信贷对象，衡量投资和信贷风险，作出投资和信贷决策，不仅需要了解毛利率、资产报酬率、权益报酬率等指标包含的有关企业盈利能力和发展趋势方面的信息，还要了解流动比率、速动比率、资产负债率等指标包含的有关企业偿债能力方面的信息，以及企业所处行业、竞争地位以及经营战略等方面的非财务信息。在此基础上，可以通过进一步分析投资后的收益水平和风险程度，预测企业价值或者评价企业信用等级，作出更为科学的投资和信贷决策。因此，财务报表分析可以为投资者和债权人提供非常有用的投资和信贷决策信息。

第三节　会计确认基础及其对财务报表的影响

企业会计的确认、计量和报告应当以权责发生制为基础。权责发生制也称应计制，它是合理确认会计期间收入和费用的重要原则。其含义概括为：凡属于本会计期间的收入和费用，不论其款项是否收付，均应作为本期的收入和费用处理；凡不属于本期的收入和费用，即使其款项已在本期收取或支付，也不作为本期的收入和费用处理。由此可见，权责发生制下，收入的实现、费用的发生与款项的收支没有必然的联系。

一、收入的确认标准

权责发生制下收入的确认，是以收入的赚取过程完成（与货物所有权有关的风险和收益已经转移或劳务提供完成）、有权利收取货款作为确认标准。按这种方法确认收入通常有三种情况：

（1）现金销售收入。现金销售收入指收入赚取过程完成后立即收取货款。

（2）赊销。赊销指赚取过程完成后，虽不能立即收取货款，但因已取得了在未来确定的时间内收取货款的权利，也应确认为收入。这种情况下确认收入的同时，会引起债权的增加。

（3）预收货款。预收货款时因收入的赚取过程尚未完成，预收的货款不能作为收入处理，而应作为一项负债，待赚取过程完成之后，才将预收的货款确认为实现的收入。这种情况下，收入的确认会引起负债的减少。

由此可见，权责发生制确认收入实现的标准在于：收入的赚取方是否履行了约定的义务，是否获得了收取货款的权利，而不在于是否收取了款项。

二、费用的确认标准

权责发生制下的费用确认，是以“会计主体受益、有责任承担费用”作为承担费用的确认标准。受益意味着该项费用与当期企业收入的实现是相关的，而不管货币是否支付。

费用的发生有三种情况：

（1）当期受益，当期付款。这种情况下，费用的支付与确认同时进行。

（2）当期受益，以后付款。这种情况下，一方面要以受益为标准确认费用，同时还需反映应付费用。

（3）当期付款，以后受益。这种情况下，因预付时尚未受益，故不能确认费用，而应将预付款作为资产进行处理。待受益时，再将预付款摊销计入受益期的费用。

知识链接三

市场预测

第一节　市场预测的内涵

市场预测是针对某一目前还不明确的市场，根据其过去和现在的已知情况，估计和推测未来可能出现的趋势。这种估计和推测，是在正确的理论指导下，通过广泛调查取得一手资料或二手资料，再运用定性分析和定量分析的方法，对市场今后的发展变化作出质的描述和量的估计。

市场之所以可以被预测，是基于马克思主义哲学的一个基本观点：世界是由物质组成的，物质是在不断运动的，通过不断地观察和实践，物质世界是可以被认识的。虽然市场的各种因素复杂多变，有时偶然因素也会促使市场发生变化，但人们通过长期的认识，积累了丰富的经验和知识，可以逐步了解市场变化的规律；然后通过应用各种先进的技术手段，根据市场发展历史和现状，推演市场发展的趋势，作出相应的估计和推测。

市场预测的结果，最终都集中表现在撰写的预测报告中。预测是估计和推测，因而其结果不可能百分之百的准确。撰写市场预测报告，应该对预测结果进行分析和评价，即对预测的未来的数据与资料、方法、整个预测工作过程的各个环节进行检查审定，对预测结果的准确性和可靠性进行论证。撰写市场预测报告其最终目的是向决策者提供有参考价值的市场分析结果，使决策者的决策过程能顺利进行。

第二节　市场预测的作用

企业进行的市场预测，通常是微观市场预测。其作用主要有：

（1）市场预测是选择目标市场、制定经营战略的基础。首先，要在分析企业外部环境和内部条件的基础上，确定较长时期的经营目标；其次，选择为实现目标应采取的措施和途径，包括选择产品的发展方向、资源的获取和合理配置、技术创新项目的实施、企业组织结构和生产结构的调整等。企业对外部环境的分析，本身就属于市场调查与预测的范围。企业经营目标的修正、经营手段的调整，也是对市场变化作出的反应。

（2）市场预测能促进企业提高市场适应能力和竞争能力。企业对市场适应能力的强弱，集中表现在能否合理调动内部资源，能否及时按照市场需要组织生产和流通。通过市场调查和预测，掌握市场需要什么商品、消费这种商品的顾客是谁、他们的特点和变化趋势如何等信息，就能及时地调整企业内部资源结构。市场的竞争也是一种获得信息的竞争，谁首先拥有市场信息，谁就掌握了主动权，也更能在市场竞争中处于优势地位。

知识链接四

ERP 计划

第一节　计划的意义

当前市场竞争越来越激烈，企业要生存和发展就必须谨慎地进行资源配置和各项生产经营活动。计划是企业管理的首要职能，只有具备完善的计划职能，企业才能指导各项生产经营活动顺利进行。如果把企业比喻成人体，企业的经营战略就相当于人的大脑，推陈出新的产品是它的生命血脉，生产设施与生产能力相当于肌肉骨骼，而牵动人体各部活动的神经系统就是计划与控制。由于市场环境的变化和现代生产管理理念的不断更新，一个制造型企业能否良性运营，关键是要使计划与生产密切配合。

第二节　ERP 的计划层次

通过观察分析那些世界级的企业，就会发现这些企业最显著的特点是他们都有一个以计算机为工具的有效的计划与控制系统。ERP 就是这样一个以计算机为工具的计划与控制系统。

在 ERP 系统中，计划是其主线。ERP 计划主要包括五个层次，即经营规划、销售与运营规划、主生产计划、物料需求计划、车间作业计划和采购作业计划，如图 4—1 所示。

划分计划层次的目的是为了体现计划管理由宏观到微观、由战略到战术、由粗到细的深化过程。在对市场需求的估计和预测成分占较大比重的阶段，计划内容一般比较粗略，计划跨度也比较长。一旦进入客观需求比较具体的阶段，计划内容就会比较详细，计划跨

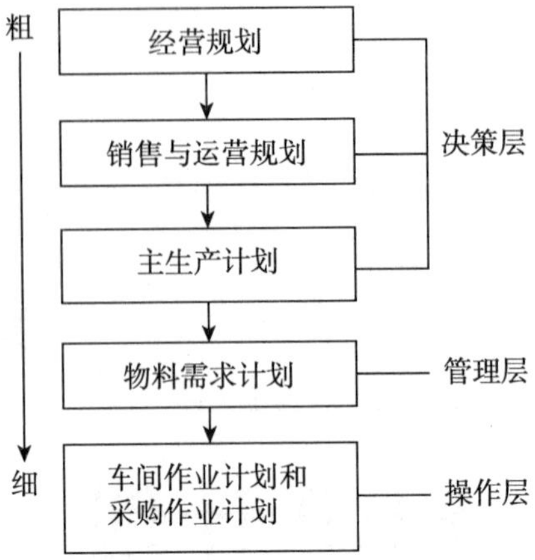

图 4—1　ERP 系统中的计划层次图

度也会比较短。

在 ERP 系统的五个计划中，经营规划和销售与运营规划具有宏观的性质；主生产计划是宏观向微观的过渡性计划；物料需求计划是微观计划的开始，是主生产计划的具体化；而车间作业计划和采购作业计划则是物料需求计划的执行或控制阶段。

一、经营规划

ERP 计划管理是从长远规划开始的，这个计划层次通常称为经营规划。经营规划管理者是从企业实际出发，为企业提出未来 5～10 年的经营目标和战略。经营规划主要包含以下内容：

（1）确定产品的开发方向及市场定位、预期的市场占有率。

（2）确定销售收入和利润。

（3）进行企业长远能力规划、技术改造和企业扩充或基本建设。

（4）规划职工培训和队伍建设。

（5）为企业的发展，特别是在财务和经济效益方面作出规划。

经营规划以货币单位表示，是企业的总体目标，是各层次计划的依据。以后的各层次计划，都是对经营规划的进一步细化，不能偏离经营规划。

二、销售与运营规划

销售与运营规划是根据企业的经营规划目标，确定企业在未来 1～3 年内，每一类产品每年、每季度、每月生产多少及需要占用哪些资源等。销售与运营规划的作用主要体现在以下四点：

（1）把经营规划中用货币表达的目标转换为用产品系列的产量来表达。

（2）制定一个均衡的月产率，以便均衡地利用资源，保持稳定生产。

(3) 控制拖欠量和库存量。

(4) 作为编制主生产计划的依据。

在制定销售与运营规划时，企业首先从整体上对市场需求和企业资源（包括生产能力）进行平衡，生成与企业资源相匹配的销售规划以及支持销售规划的生产规划。

销售规划是对产品族总需求的预测，如一个产品族中有四项产品，预测该产品族 1 年的销售数量是 1 200 单位，而每项产品的销售数量是 300 单位；生产规划是对每个产品族确定适当的生产率，如每个月生产 100 单位。

销售规划和生产规划之间是密切关联、相互制约的。从长远来说，企业的生产应该满足市场的需求，因此销售规划驱动生产规划；从短期来说，企业的生产率与其生产能力有关，因此销售规划要受到生产规划的影响。

销售规划不一定和生产规划完全一致。例如，销售规划要反映季节性需求，而生产规划要考虑均衡生产。在不同的销售环境下，生产规划的侧重点也不同。对现货生产类型的产品，生产规划在确定月产率时，要考虑已有的库存量。如果要提高成品库存资金的周转次数，年末库存量要低于年初，那么，生产规划的月产量就低于销售规划的预测值，不足部分用消耗库存量来弥补；对订货生产类型的产品，生产规划要考虑未交付的拖欠订单量，如果要减少拖欠量，那么生产规划的月产量要大于销售规划的预计销售量。

在面向库存生产的情况下，生产规划需根据当前的和所希望的库存水平来控制生产率，用公式可表述为：

生产规划量＝销售规划量＋期末库存量－期初库存量

在面向订单生产的情况下，生产规划需根据当前的和所希望的未交付客户订单量来控制生产率，用公式可表述为：

生产规划量＝销售规划量＋期初未交付客户订单量－期末未交付客户订单量

三、主生产计划

主生产计划的计划对象是把生产规划中的产品系列具体化以后的最终成品，即确定每一具体的最终产品在每一具体的时间段内生产数量的计划。主生产计划的基本原则是根据企业的能力确定要做的事情，通过均衡地安排生产实现生产规划的目标。

主生产计划是根据客户的合同和预测，把销售与运营规划中的产品系列具体化，确定生产的产品，使之成为展开物料需求计划和能力需求计划运算的主要依据。由于主生产计划是驱动物料、能力和成本的计划与控制于一体的正式系统，因而它要比销售与运营规划更为详细。因此，主生产计划是企业宏观计划向微观计划的过渡性计划，是沟通企业前向（市场、销售等需求方）和后向（制造、供应等供应方）的重要环节。

主生产计划和销售与运营规划的区别，如表 4—2 所示：

表 4—2　　主生产计划和销售与运营规划的区别

	主生产计划	销售与运营规划
处理问题	产品搭配	销售额与产量的关系
计划目的	客户订单	市场开拓
详尽程度	详细计划	综合计划
计划目标	落实生产车间作业计划	协调企业主要业务部门计划
管理集中度	分散	集中
计划对象	最终产品	产品系列
计划时段	日或周	月或季
生产考虑	优先级	产出率
责任人	总经理	中层经理

主生产计划的编制主要包括收集、整理需求数据，确定计划期并划分时区，计算毛需求，计算净需求，产生初步计划等步骤。

提前期的概念主要是针对“需求”提出的，以交货或完工日期为基准倒排计划，推算出工作（采购、生产）的开始日期或订单的下达日期，这个期间的时间跨度称为“提前期”。例如，生产部门需要采购部门在某一时间提供需要的物料，则采购部门必须提前一段时间（提前期）进行采购，否则，可能无法按时完成供货。生产管理中存在以下几种不同的提前期：

（1）生产准备提前期：从生产计划开始到生产准备完成（可以投入生产）。

（2）采购提前期：采购订单下达到物料完工入库的全部时间。

（3）生产加工提前期：生产加工投入开始（生产准备完成）至生产完工入库的全部时间。

（4）装配提前期：装配投入开始至装配完工的全部时间。

（5）总提前期：是指产品的整个生产周期，包括产品设计提前期、生产准备提前期、采购提前期，以及生产加工提前期和装配提前期的总和。

四、物料需求计划

物料需求计划是主生产计划的具体化。它是根据主生产计划、物料清单和库存记录，对每种物料进行计算，确定什么物料必须在什么时候订货或开始生产、订多少或生产多少、每次的订货或生产的批量是多少等。

物料需求计划的基本原理如图 4—2 所示，其应遵循两个基本原则：

（1）从最终产品的主生产计划导出相关物料（原材料、零部件、组件等）的需求量和需求时间。

（2）根据物料的需求时间和生产（订货）周期来确定其开始生产（订货）的时间。

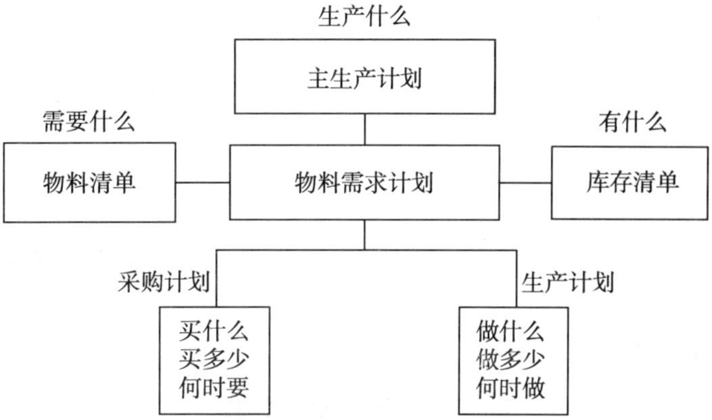

图 4—2　物料需求计划的基本原理

五、车间作业计划和采购作业计划

车间作业计划，属于 ERP 执行层的计划，实际应译为车间作业控制，为了与其他四个层次的计划名称一致才改称为车间作业计划。它是在物料需求计划输出的制造订单的基础上，对零部件生产计划的细化，是一种实际的执行计划。其管理目标是按物料需求计划的要求，按时、按质、按量与低成本地完成加工制造任务。车间作业的过程主要依据物料需求计划、制造工艺路线与各工序的能力编排各工序的加工计划，下达车间生产任务单，并控制计划进度，最终完工入库。

采购作业计划也属于第五个层次，但它不涉及企业本身的能力资源。

知识链接五

营销管理

在现代市场经济条件下，企业必须十分重视市场营销。市场如战场，谁能把营销做得更好谁就掌握了竞争主动权，就能旗开得胜。现代管理之父彼得·德鲁克认为企业有两个并且只有两个基本功能，即市场营销和创新。

美国市场营销协会隔几年都会对市场营销的概念进行修订：

1985 年定义为：市场营销是（个人和组织）对思想、产品和服务的构思、定价、促销和分销的计划和执行过程，以创造达到个人和组织目标的交换。该定义明显强调“4P组合”和“交换”目标。

2004 年定义为：市场营销既是一种组织职能，也是为了组织自身及利益相关者的利益而创造、传播、传递客户价值，管理客户关系的一系列过程。该定义用“价值”代替了“产品、服务”，而且强调了和利益相关者关系的维护。

2008 年定义为：市场营销既是一种行为、一套制度，也是创造、传播、传递和交换对消费者、代理商、合作伙伴和全社会有价值的物品的过程。该定义进一步明确了“利益相关者”的内容，强调了对“全社会”的价值。

上述三个概念的变化，说明营销的发展趋势：即由早期的“交易驱动”，发展到“客户关系驱动”、“价值驱动”和全社会“价值网”的驱动。

我们可以从营销战略和营销策略两个方面理解市场营销，其中营销战略解决的问题是“市场上需要什么？我们需要往哪个方向看?”，营销策略解决的问题是“如何满足这些需求？这些计划如何落实?”。

第一节　市场营销战略

市场营销战略是企业市场营销部门根据战略规划，在综合考虑外部市场机会及内部资源状况等因素的基础上，确定目标市场，选择相应的市场营销策略组合，并予以有效实施和控制的过程。

随着市场营销战略在企业实现目标的过程中起着越来越大的作用，市场营销战略已经逐步挣脱了企业总体战略对它的制约和主导，成为企业战略取胜的重要法宝。营销战略主要包括目标市场战略、竞争战略、市场发展战略三个方面。

一、目标市场战略

企业必须善于选择适合自己并能充分发挥自身资源优势的目标顾客群从事营销，确立企业在大市场中的位置，这是企业营销管理中的战略决策问题。这个决策过程是由市场细分、目标市场选择和市场定位三个环节组成的，如图 4—3 所示。这三个环节是相互联系，缺一不可的。其中，市场细分是企业目标市场选择和市场定位的基础和前提。

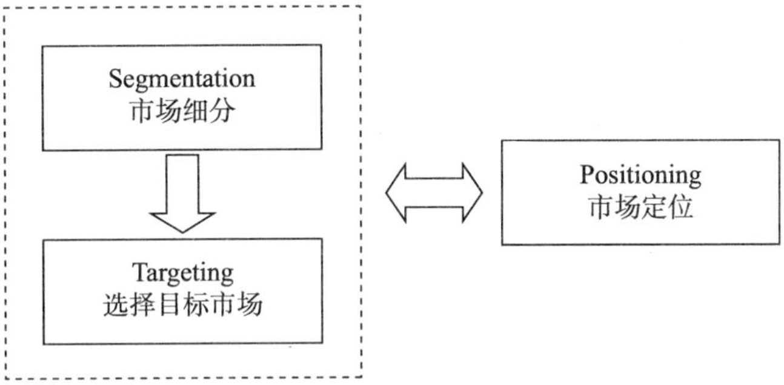

图 4—3　目标市场战略

1. 市场细分

根据消费需求的差异性，把某一产品（或服务）的整体市场划分为在需求上大体相似的若干个市场部分，形成不同的细分市场（即子市场），从而有利于企业选择目标市场和制定营销策略的一切活动的总称。

2. 选择目标市场

企业在划分好细分市场之后，可以进入既定市场中的一个或多个细分市场。选择目标市场是指估计每个细分市场的吸引力程度，并选择进入一个或多个细分市场。选择目标市场的标准：有一定的规模和发展潜力；细分市场结构的吸引力；符合企业的目标和能力。

3. 市场定位

市场定位可分为对现有产品的再定位和对潜在产品的预定位。对现有产品的再定位可能导致产品名称、价格和包装的改变，但是这些外表变化的目的是为了保证产品在潜在消费者的心目中留下值得购买的印象。对潜在产品的预定位，要求营销者必须从零开始，使产品特色确实符合所选择的目标市场。公司在进行市场定位时，一方面要了解竞争对手的产品具有何种特色，另一方面要研究消费者对该产品的各种属性的重视程度，然后根据这两方面进行分析，再选定本公司产品的特色和独特形象。

常用的市场定位方法有三种：（1）产品定位：侧重于产品实体定位，如质量、成本、特征、性能、可靠性、可用性、款式等。（2）竞争定位：确定企业相对于竞争者的市场位置。例如，七喜汽水在广告中称它是“非可乐”饮料，暗示其他可乐饮料中含有咖啡因，对消费者的健康有害。(3) 消费者定位：确定企业的目标顾客群。

常用的营销战略分析工具有两种：波士顿咨询公司矩阵（如图 4—4 所示）和通用电气公司矩阵（如图 4—5 所示）。

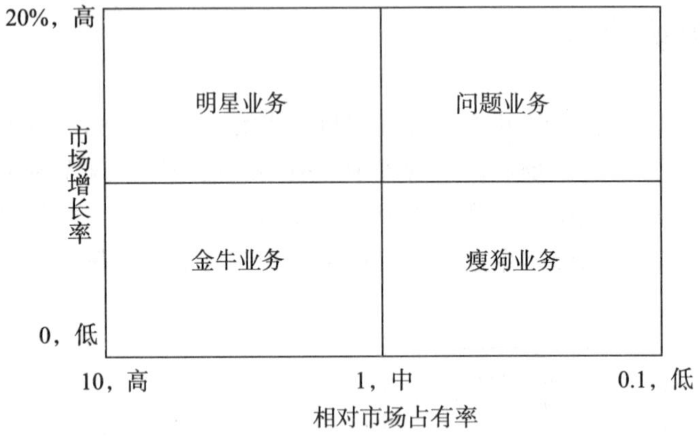

图 4—4　波士顿咨询公司矩阵图

产业吸引力 \ 竞争力	高	中	低
高	尽量扩大投资，谋求主导地位	市场细分以追求主导地位	专门化，采取并购策略
中	选择细分市场大力投入	选择细分市场专门化	专门化，谋求小块市场份额
低	维持地位	减少投资	集中于竞争对手的盈利业务，或放弃

图 4—5　通用电气公司矩阵图

二、竞争战略

竞争战略要解决的核心问题是如何通过确定顾客需求、竞争者产品及本企业产品这三者之间的关系，来奠定本企业产品在市场上的特定地位并维持这一地位。

竞争战略理论包含三个方面：五力模型、三大竞争战略、价值链。

1. 五力模型

迈克尔·波特在其经典著作《竞争战略》中提出了行业结构分析模型，即所谓的“五力模型”，如图 4—6 所示。

波特认为决定企业获利能力的首要因素是“产业吸引力”，企业在拟定竞争战略时，

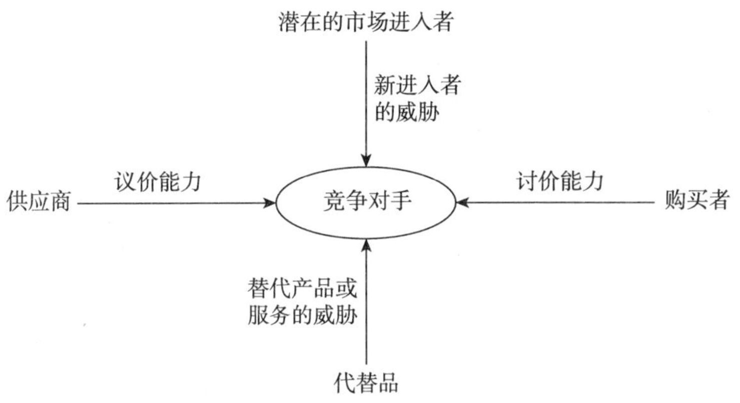

图 4—6　波特的五力模型

必须深入了解决定产业吸引力的竞争法则。产业吸引力可以用五种竞争力来具体分析，即行业现有的竞争状况、供应商的议价能力、购买者的讨价能力、替代产品或服务的威胁、新进入者的威胁。这五大竞争驱动力决定了企业的盈利能力，并指出公司战略的核心在于选择正确的行业以及行业中最具有吸引力的竞争位置。

2. 三大竞争战略

过去，企业常使用的竞争战略是降价，这样在打倒对方的同时，也损害了自己，形成负效应，企业竞争进入恶性循环。正确的竞争战略有总成本领先战略、差异化战略、集中化战略。

总成本领先战略就是尽最大努力降低企业成本，通过降低产品成本、降低成品价格赢得竞争优势。要做到总成本领先，就必须在管理方面对成本严格控制，尽可能将降低费用的指标落实到每个员工身上。处于低成本地位的企业可以获得高于产业平均水平的利润。在与竞争对手进行竞争时，由于成本低，对手已没有利润可图时仍可获得利润。

差异化战略是企业提供的产品或服务别具一格，如功能多、款式新、更加美观。如果差异化战略可以实现，它就成为在行业中赢得超常收益的可行战略，因为它能建立起对付五种竞争作用力的防御地位，利用客户对品牌的忠诚而处于竞争优势。

集中化战略是主攻某个特定的客户群、某产品系列的一个细分区段或某一个地区市场。应用这一战略的前提是企业能够以更高的效率、更好的效果为某一狭窄的战略对象服务。

3. 价值链

企业实施任何战略的目的都是为了赢得竞争优势。为了系统地识别和分析企业竞争优势的来源，波特提出了“价值链”这一重要概念。波特认为企业活动可分为两类：基本活动和辅助活动，其中，基本活动涉及企业生产经营、市场销售、内部后勤、外部后勤和服务；辅助活动涉及企业基础设施、人力资源管理、技术开发和采购。基本活动和辅助活动构成了企业的价值链，如图 4—7 所示。波特强调，在企业参与的价值活动中，并不是每个环节都能创造价值，只有某些特定的价值活动才能真正创造价值，这些真正创造价值的经营活动，就构成了企业价值链上的“战略环节”。他指出，“企业正是通过比其竞争对手更廉价或更出色地开展这些重要的战略活动来赢得竞争优势”。

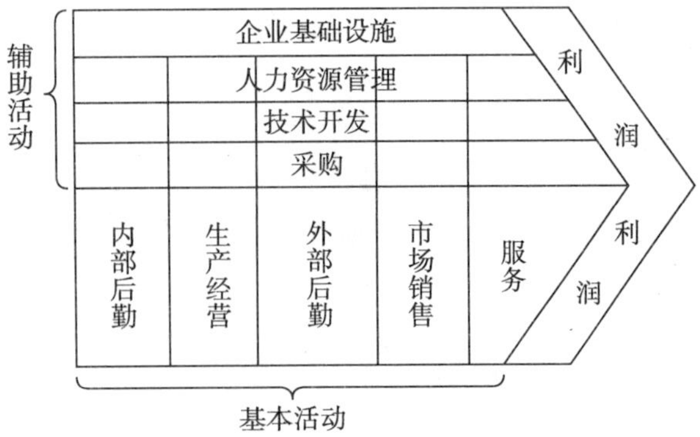

图 4—7　企业价值链：基本活动和辅助活动

因此，企业要想获得竞争优势，就需要在企业价值链中的某些战略环节上创造优势。通过运用价值链分析方法可以使企业识别出它的关键“战略环节”，进而将企业资源运用在这些关键战略环节上，建立起企业自身的竞争优势和核心竞争力，形成并巩固企业在行业内的竞争优势。

三、市场发展战略

市场发展战略又称市场开发战略，是由现有产品和新市场组合而产生的战略，即企业用现有的产品开辟新的市场领域的战略。它是发展现有产品的新顾客群，从而扩大产品销售量的战略。通过这一战略，它可以使企业得到新的、可靠的、经济的和高质量的销售渠道，对于企业的生存发展具有重要的意义。

在企业营销决策中，一般采用的市场发展战略有：稳定战略、成长型战略、收缩战略和淘汰战略。对这四种营销战略的分析如下：

稳定战略，又称防御战略，是以保持原有的业务经营水平为主要目标的一种战略。这一战略的主要特征是企业保持自身过去和现在的目标，决定继续追求相同或类似的目标，每年企业所期望的进展，增长比率大体相同；同时，企业继续提供与以前相同或相似的产品和劳务。国际市场营销中，美国可口可乐公司多年来一直采取这一方案，取得了成功。

成长型战略是一种使企业在现有的战略水平上向更高一级目标发展的战略。它以发展作为自己的核心向导，引导企业不断开发新产品，开拓新市场，采用新的管理方式、生产方式，扩大企业的产销规模，增强企业的竞争实力。在实践中，成长型战略可分为密集增长战略、一体化战略、多元化战略等多种类型。

收缩战略是以短期利润为目标的一种营销战略，是指企业为削减费用和改善资金的使用，减少在某一特定的产品线、产品或经营单位的投资，把资金投入另外的新的或发展中的领域。企业抽资的对象往往是费用高、利润少、发展前途不乐观或者企业产品组合中的次要部分。采用这种战略的原因在于企业现有的产品或业务组合中的某几个状况不佳，且无发展潜力，通过大幅度裁减其投资，谋求短期利益，有利于优化企业现有的产品结构。

淘汰战略是将现有产品或业务从现有市场退出的一种营销战略。如果某一项业务已经没有增长潜力，或者从事这项业务不能进一步增加盈利，可以考虑采用这种战略。这种战略一般是在经济衰退期间或企业财务困难期间使用，其目的在于渡过危机，减少风险。

第二节　市场营销策略

长期以来，被营销理论界广为接受的4Ps理论是由美国学者杰罗姆·麦卡锡提出的：市场营销策略是企业以顾客需要为出发点，根据经验获得顾客需求量以及购买力的信息、商业界的期望值，有计划地组织各项经营活动，通过相互协调一致的产品策略、价格策略、渠道策略和促销策略，为顾客提供满意的商品和服务而实现企业目标的过程。

1990年美国学者罗伯特·劳特朋首次提出了用4Cs取代传统的4Ps，为营销策略研究提供了新的思路，4Cs更注重以消费者需求为导向，与以市场为导向的4Ps相比，4Cs在理念上有了很大进步与发展。但从企业和市场发展趋势看，4Cs抑制了企业的主动性和创造性。

20世纪90年代中期，美国学者舒尔茨提出的4Rs理论阐述了一个全新的市场营销策略。4Rs以竞争为导向，在新的哲学层次上概括了营销的新框架，它将企业的营销活动提高到宏观和社会层面来考虑，提出企业与顾客及其他利益相关者应建立起事业和命运共同体，建立、巩固和发展长期的合作关系，强调关系管理而不是市场交易。

20世纪90年代末提出的4Vs营销策略旨在培养和构建企业核心竞争力的具体途径，是现代企业市场营销的新着眼点。

四种营销策略的内容及优劣势比较，如表4—3所示。

表4—3　　四种营销策略的内容及优劣势比较

	基本策略	优点与不足
4Ps营销策略	产品策略： 包括产品组合、产品寿命周期、产品包装、品牌等内容。 价格策略： 包括决定定价导向、作出调整价格的反应、设计价格的风险评价。 渠道策略： 包括渠道模式和中间商的选择、调整协调管理、实体分配。 促销策略： 包括推销、广告、营业推广等。	优点： (1) 使营销理论有了体系感。 (2) 使复杂的现象和理论简单化。 (3) 为营销提供了易于操作的框架。 (4) 理论上概括、实务上可操作。 不足： (1) 不足以涵盖所有行业可控制的变量。 (2) 只适合制造业中消费品的营销活动。 (3) 只考虑生产者主导的卖方市场。

续前表

	基本策略	优点与不足
4Cs 营销策略	顾客策略： 忘掉产品，记住顾客的需求和期望，以顾客为中心。 成本策略： 忘掉价格，记住成本与顾客的费用，让顾客在成本上相对满意。 方便策略： 忘掉地点，记住方便顾客，为其提供方便的消费通道。 沟通策略： 忘掉促销，记住与顾客沟通，培养其忠诚度。	优点： （1）以顾客为中心进行一对一传播。 （2）注重资源整合、宣传企业形象。 （3）以传播和双向沟通为基础。 不足： （1）与市场经济的竞争导向相矛盾。 （2）不能形成个性化营销的优势。 （3）未遵循企业经营的双向原则。 （4）未解决满足顾客的操作性问题。 （5）被动适应顾客需求的色彩较浓。
4Rs 营销策略	关联策略： 与顾客建立关联，提高其满意度和忠诚度，减少顾客流失。 反应策略： 提高市场反应速度，倾听和满足顾客的需求与渴望。 关系策略： 与顾客保持合作关系、建立长期而稳定的关系。 回报策略： 注重利润回报与价值回报。	优点： （1）以竞争为导向，提出营销新思路。 （2）体现并落实了关系营销的思想。 （3）反应机制为互动与合作，为建立关联提供了基础。 （4）回报兼容了成本和双赢的内容。 不足： 实施 4Rs 营销策略需要一定的实力或某些特殊条件。
4Vs 营销策略	差异化策略： 以不同特色的产品、周到的服务树立良好的形象。 功能化策略： 提供不同功能的系列产品满足不同顾客的消费习惯。 附加价值策略： 提高附加价值的产品和服务以满足顾客的需求。 共鸣策略： 使顾客获得最大程度的满足、实现企业效益最大化。	优点： （1）弥补了 4Cs 策略中的差异化问题。 （2）兼顾社会和消费者的利益、企业和员工的利益。 （3）可以构建企业的核心竞争力。 （4）是达成顾客忠诚度的具体途径。 不足： 实施 4Vs 营销策略需要一定的实力基础。

知识链接六

预算管理

第一节 预 算

预算是通过对企业内外部环境的分析，在科学的生产经营预测与决策的基础上，用价值和实物等多种形态反映企业未来一定时期的投资、生产经营及财务成果等一系列的计划和规划。

预算的性质和作用表现在以下三个方面：

(1) 预算是一种计划，因此编制预算的工作是一种计划工作。预算内容可以简单地概括为三个方面：一是“多少”，即为实现计划目标的各种管理工作的收入（或产出）与支出（或投入）各是多少；二是“为什么”，即为什么必须收入（或产出）这么多数量，以及为什么需要支出（或投入）这么多数量；三是“何时”，即什么时候实现收入（或产出），以及什么时候支出（或投入），必须使收入与支出取得平衡。

(2) 预算是一种预测，它是对未来一段时期内企业的收支情况的预计。确定预算数字的方法可以采用统计方法、经验方法或工程方法。

(3) 预算主要是一种控制手段。编制预算实际上就是控制过程的第一步——拟定标准。由于预算是以数量化的方式来表明管理工作的标准，其本身就具有可考核性，因而有利于根据标准来评定工作成效，找出偏差（控制过程的第二步），并采取纠正措施，消除偏差（控制过程的第三步）。

编制预算能使确定目标和拟定标准的计划工作得到改进。但是，预算的最大价值在于它对改进组织协调和控制的贡献。当为组织的各个职能部门都制定了预算时，就为协调组织的活动提供了基础。同时，由于对预期结果的偏离将更容易被查明和评定，预算也为控制工作中的纠正措施奠定了基础。所以，预算有助于更好地计划和协调，并为控制提供基础，这正是编制预算的基本目的。

第二节　全面预算管理

全面预算反映的是企业未来某一特定期间（一般不超过一年或一个经营周期）的全部生产、经营活动的财务计划。它以实现企业的目标利润（企业一定期间内利润的预计额，是企业奋斗的目标，根据目标利润制定作业指标，如销售量、生产量、成本、资金筹集额等）为目的，以销售预测为起点，进而对生产、成本及现金收支等进行预测，并编制预计利润表、预计现金流量表和预计资产负债表，反映企业在未来期间的财务状况和经营成果。因此，全面预算的起点是销售预测，终点是得到预计利润表、预计资产负债表和现金流量表，中间涉及生产、销售和管理等方面。

全面预算管理作为对现代企业的发展与成熟起过重大推动作用的管理系统，是企业内部管理控制的一种主要方法。这一方法自 20 世纪 20 年代在美国的通用电气、杜邦、通用汽车公司产生之后，很快就成了大型工商企业的标准作业程序。从最初的计划、协调，发展到现在的兼具控制、激励、评价等诸多功能的一种综合贯彻企业经营战略的管理工具，全面预算管理在企业内部控制中日益发挥核心作用。正如著名管理学家戴维·奥利所说的，全面预算管理是为数不多的几个能把企业的所有关键问题融合于一个体系之中的管理控制方法之一。

一、全面预算的内容

1. 业务预算

业务预算，又称营业或经营预算，是反映企业预算期间日常供应、生产、销售、管理等实质性经营活动的预算。

2. 专项预算

专项预算是为企业不经常发生的长期投资项目或一次性专项业务所编制的预算，包括资本支出预算和一次性专门业务预算。

3. 财务预算

财务预算是反映企业预算期内预计的现金收支、经营成果和预算期末财务状况的预算，包括现金预算、预计利润表和预计资产负债表。

二、全面预算的编制体系

全面预算的编制流程实质上是一个自上而下地下达目标任务和自下而上地确认业务目标的交互过程。其主要任务包括编制业务预算、专项预算和财务预算。

1. 业务预算的编制

（1）销售预算编制。销售预算是安排预算期销售规模的预算。它是编制全面预算的关键和起点，其他预算均以销售预算为基础。通常销售预算是在销售预测的基础上，根据企业年度目标利润确定的销售量和销售额来编制。

（2）生产预算编制。生产预算是安排预算期生产规模的预算。它是按“以销定产”的原则，在销售预算的基础上编制的。

（3）直接材料预算编制。直接材料预算，又称直接材料采购预算，是用来确定预算期材料采购数量和采购成本的预算。它是以生产预算为基础编制的。

（4）直接人工预算编制。直接人工预算是用来确定预算期内直接人工工时的消耗水平和人工成本水平的预算。直接人工预算的编制也是以生产预算为基础的，其主要内容包括预计的生产量、单位产品工时、总工时、每工时人工成本（小时工资率）和人工总成本。

（5）制造费用预算编制。制造费用是指生产成本中除了直接材料、直接人工以外的间接生产费用项目。其编制依据是预算期的生产业务量（如直接人工小时数或机器小时数）、基期制造费用的实际开支水平、上级管理部门下达的成本降低率以及预算期间各费用明细项目的性质等。

（6）产品成本预算编制。产品成本预算是对生产预算、直接材料预算、直接人工预算、制造费用预算的汇总。它既是这些预算的继续，也是编制预计利润表和预计资产负债表的根据之一。

（7）销售及管理费用预算编制。销售及管理费用预算包括销售费用及管理费用两部分，是为产品销售活动和一般行政管理活动及有关的经营活动编制的费用预算。

上述各项预算之间的关系，如图 4—8 所示：

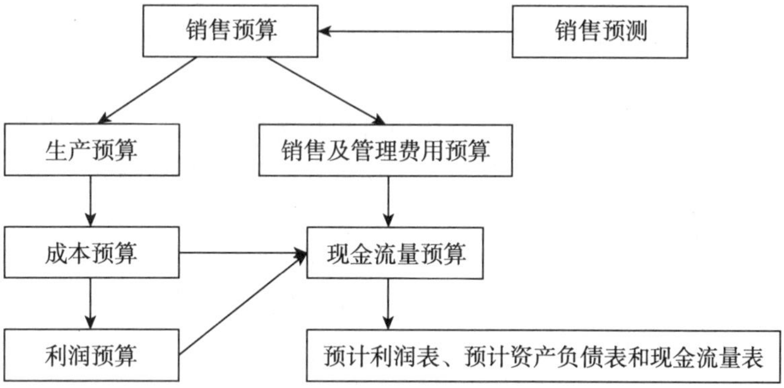

图 4—8　各项预算关系图

2. 专项预算的编制

（1）资本支出预算编制。资本支出预算是企业在投资项目可行性研究的基础上编制的反映长期投资项目的时间、规模、收益以及资金筹措方式等内容的预算。

（2）一次性专门业务预算编制。一次性专门业务预算是为财务部门在日常理财活动中发生的一次性业务而编制的预算。

3. 财务预算的编制

（1）现金预算编制。现金预算是为了反映企业在预算期间预计的现金收支的详细情况而编制的预算。现金预算的内容包括四部分：现金收入、现金支出、现金余缺与现金融通、期末现金余额。

（2）预计利润表编制。预计利润表是反映预算期间预计的全部经营活动的最终财务成果的预算，又称“利润预算”，是控制企业经营活动和财务收支的主要依据。

(3) 预计资产负债表编制。预计资产负债表是为反映企业在预算期期末那一天预计的财务状况而编制的预算。

三、编制成本费用预算的方法

编制成本费用预算的方法按其出发点的特征不同，可分为增量预算方法和零基预算方法两大类，按其预算期的时间特征不同，可分为定期预算方法和滚动预算方法两大类。

1. 增量预算方法

增量预算方法，又称调整预算方法，是指以基期成本费用水平为基础，结合预算期业务量水平及有关影响成本因素的未来变动情况，通过调整原有费用项目而编制预算的一种方法。

增量预算方法的假定前提有：(1) 现有的业务活动是企业必需的；(2) 原有的各项开支都是合理的；(3) 增加费用预算是值得的。

增量预算方法的缺点是：(1) 受原有费用项目的限制，可能导致保护落后；(2) 滋长预算中的“平均主义”和“简单化”；(3) 不利于企业未来的发展。

2. 零基预算方法

零基预算，又称零底预算，是指在编制成本费用预算时，不考虑以往会计期间所发生的费用项目或费用数额，而是将所有的预算支出均以零为出发点，一切从实际需要与可能出发，逐项审议预算期内各项费用的内容及开支标准是否合理，在综合平衡的基础上编制费用预算的一种方法。

零基预算方法的优点是：不受现有费用项目和开支水平限制；能够调动各方面降低费用的积极性，有助于企业的发展。其缺点是工作量大，编制时间较长。

3. 定期预算方法

定期预算是指在编制预算时，以不变的会计期间（如公历年度）作为预算期的一种预算编制的方法。其优点是能够使预算期间与会计年度相配合，便于考核和评价预算的执行结果；其缺点是远期指导性差、灵活性差和连续性差。

4. 滚动预算方法

滚动预算，又称连续预算或永续预算，是指在编制预算时，将预算期与会计年度脱离，随着预算的执行不断延伸补充预算，逐期向后滚动，使预算期永远保持为一个固定期间的一种预算编制方法。滚动预算按其编制和滚动的时间单位不同可分为逐月滚动、逐季滚动和混合滚动三种方式。

与传统的定期预算方法相比，滚动预算方法编制的预算具有透明度高、及时性强、连续性好，以及完整性和稳定性突出等优点。

第五篇

企业案例篇

ERP

案例一

广告投放标王——秦池酒业

秦池选择了一条充满风险，同时又满怀希望的渠道：争夺 1996 年 CCTV 标王。

1995 年，秦池酒产量 9 600 吨，实际销售 9 140 吨，当年销售收入 1.8 亿元，利税为 3 千万。而据测算，1996 年标王额在 6 000 万元以上，也就是说，如果秦池最终中标，那么 1996 年秦池必须保证当年产、销量要达到 2 万吨，销售收入必须突破 3.6 亿元，否则，等待秦池的将是巨额亏损。在重要决策关头，王卓胜和秦池人没有退缩，毅然走上了这条惊险的“阳光大道”。1995 年 11 月 8 日，秦池以 6 666 万元的最高价击败众多对手，勇夺 CCTV 标王。成为 CCTV 标王，为秦池带来了巨大的影响和声誉。经新闻界的一再炒作，秦池在全国一夜之间由无名小辈变成公众明星，产品知名度、企业知名度大大提高，使秦池在白酒如林的中国市场成为名牌。在此基础上，全国各地商家纷纷找上门来，在很短的时间建立起布满全国的销售网络。在有利条件下，秦池的价格，物流资金等有了更大的回旋空间，单产利润也提高了，秦池迅速形成了全国市场的宏大格局。

秦池在 1996 年度广告投入巨大，经营上的业绩充分体现了标王的巨大宣传作用。同时我们用企业管理的冷静眼光来看待秦池 1996 年 CCTV 标王策略：1996 年预期销量并没有超过酒厂的生产能力，秦池酒是在原配套生产线、原生产程序、工艺和原有熟练工人的操作下生产出来的，酒的质量公众是感到比较放心的。另一方面，秦池虽然在广告上的绝对投入要大一些，但秦池已通过典型的秦池模式造就了广阔市场，通过扩大产品销量降低了单位产品的广告费用，产品成本不升反降，再加上品牌效应对价格的影响，利润率自然提高了。由以上分析，1996 年 CCTV 标王给秦池带来的是一系列竞争上的优势：品牌优势、形象优势、市场网络优势、价格优势、利润率优势。1996 年秦池不需再像以前那样需要自己去争取，而是别人找上门来，秦池没有什么理由不走向成功。这一年秦池销售额比 1995 年增长 500%以上，利税增长 600%。秦池完成了从一个地方酒厂到一个全国知名企业的大转变。

1996 年，秦池取得了决定性的成功。但是，是否可以认为秦池以后的市场状况会一直这样持续下去呢？是否可以肯定秦池已在中国白酒市场新一轮的竞争中站稳了脚跟呢？

让我们再来看看秦池经营模式的循环圈，秦池的经营模式能形成良性循环的关键环节是投入的大量广告，宣传能否转变为现实的巨大市场需求，这是降低单位产品广告成本、赢得利润的关键。一旦这一环节发生中断，投入的大量广告没有产生预期的效果，秦池将面临灭顶之灾。而秦池虽然在1996年广告铺天盖地，品牌知名度直线上升，但与其他名酒、大厂相比，秦池酒缺少稳固的市场美誉度。也就是说：一旦秦池不做广告，销售业绩会直线下跌。而不会像“五粮液”、“杜康”等历史名酒一样虽长期不做广告但市场依然稳定。可以说：秦池的市场业绩是广告炒作出来的，不具备长期的市场导向功能。

1996年底，秦池最突出的矛盾已不是市场开发能力的不足，而是生产能力的不足，即面临着改进生产工艺、扩大生产规模、提高秦池酒内在质量的迫切问题。这时的秦池集团，本应在1997年标王争夺中急流勇退，将经营管理的重点回转，利用1996年的资金积累，真正在提高秦池酒的竞争力方面下工夫，改进生产工艺，扩大或增加生产线，培训熟练技术工人等，同时在中央电视台保持适度广告以维持市场。但是出于短期的经济利润思维，出于维持秦池酒虚幻地位的虚荣心理，秦池进行了争夺1997年CCTV标王的豪赌，1996年11月8日，秦池集团以3.2亿元的天价卫冕标王。

外界对秦池获得1997年CCTV标王的反应与首夺标王时截然不同，舆论界对秦池更多的是质疑。要消化掉3.2亿元的广告成本，秦池必须在1997年完成15亿元的销售额，产、销量必须在6.5万吨以上。秦池准备如何消化巨额广告成本？秦池到底有多大的生产能力？广告费会不会转嫁到消费者身上？消费者和理论界都充满了疑问。1997年年初，某报编发了一组三篇通讯，披露了秦池的实际生产能力以及收购川酒进行勾兑的事实。这组报道被广为转载，引起了舆论界与消费者的极大关注。由于秦池没有采取及时的公关措施，过分依赖于广告效应，因此，在新闻媒体的一片批评声中，消费者迅速表示出对秦池的不信任。秦池的市场形势开始全面恶化。1997年，尽管秦池的广告仍旧铺天盖地，但销售收入比上年锐减了3亿元，实现利税下降了6 000万元。1998年1月至4月，秦池酒厂的销售额比1997年同期下降了5 000万元。1996年年底和1997年年初加大马力生产的白酒积压了200车皮，1997年全年只卖出一半，全厂多条生产线也只开了四五条，全年亏损已成定局，曾经辉煌一时的秦池模式成为转瞬即逝的泡沫。

如果当时秦池的决策层和主管领导有更敏锐的经济头脑，真正为秦池的长远发展而深思熟虑，今日中国的白酒业将多一个响亮的品牌。

（案例来源：中国营销传播网 http://www.emkt.com.cn）

案例二

资金链断裂——巨人集团

巨人集团曾经是一个红遍全国的知名企业，历经不到两年就成为销售额近四亿元，利税近五千万元，员工达两千多人的大企业，但历经不到四年就如泡沫式的破裂了。

成功的原因

企业的成功在于民营企业家的创业精神，这种创业精神不仅包括艰苦的奋斗，还包括善于抓住机遇、敢于冒险的精神，以及开发一个好的产品加上强有力的广告宣传和渠道策略。

第一步险棋

随着西方国家向中国出口计算机浪潮，康柏、惠普、IBM 等国际电脑公司开始围剿中国的电脑公司，电脑业于 1993 年走入低谷，史玉柱的电脑产业受到重创。在这种情况下，巨人集团开始迈向多元化经营之路，决定进入房地产领域和生物工程领域。巨人集团超出自己能力十几倍投资巨人大厦，几乎采用了破坏式影响主业发展的方式来建设这个巨人大厦，由原来的 18 层增至 38 层，后来当地政府的一些领导建议巨人集团为珠海建一座标志性大厦，因此巨人大厦又由原来的 38 层改至 54 层、64 层，最后决定盖个 70 层的大厦，预算也因此从 2 亿元增至 12 亿元。

单凭巨人集团的实力，根本无法承接这项浩大的工程，而且更令人瞠目结舌的是，大厦从 1994 年 2 月动工到 1996 年 7 月，史玉柱竟未申请过一分钱银行贷款，全凭自有资金和卖楼挣的钱支撑。房地产必须有金融资本作后盾，巨人集团竟将银行搁置一边。企业的生存与发展需要现金和利润来支持，当企业频繁出现现金流的短缺和利润的缺乏时，后果就可想而知。

走向悬崖的第二步险棋

进入生物工程领域是史玉柱的第二步险棋。1995 年，一个名为“二次创业”的总体目标被提出，即跳出电脑产业，走产业多元化的扩张之路，以寻求解决矛盾的出路。史玉柱亲自挂帅，成立了“三大战役”总指挥部，下设八大方面军和 30 多家独立分公司，各级总经理都改为“方面军司令员”或“军长”、“师长”。

对巨人集团来说，生物工程是一个完全陌生的领域，在对这个市场的开拓中，由于不了解该领域的消费者特性，尤其不熟悉这一新领域的资金运作和营销策略，巨人集团越陷越深。虽然 1994—1996 年，巨人集团在保健品方面异军突起，但整个生物工程领域出现全面亏损的局面。

受巨人大厦的拖累

在决定进入房地产和生物工程领域之前，史玉柱曾设想了一个绝妙的财务运作机制：先用开发巨人大厦卖楼花的钱投入生物工程，再用生物工程产生的利润反过来支持巨人大厦。但是，实际的运作出现了偏差，由于巨人大厦预算的不断上升，史玉柱不能去为生物工程注资，反而不断从生物工程中抽资去支撑巨人大厦，活钱变成了死钱，结果是巨人大厦没能撑起，反倒赔进了生物工程。1996 年巨人大厦资金告急。史玉柱决定将保健品方面的全部资金调往巨人大厦。保健品业务因“抽血”过量，迅速盛极而衰。

第三步险棋

突变式的巨人管理变革。管理的目标就是如何使企业更具有生命力，获得更多的利润。管理的进步和升级是需要基础的，毕竟管理中人的成分用 8∶2 原则来讲，人占了 80%，是动态的人，针对人的管理变革，管理基础系统不能少，缺乏基础的管理变革经不住不良的市场环境下的冲击。巨人的管理变革几乎是以大换血的方式运行，风险是巨大的，要么走向成功，要么走向失败。

经验与教训

巨人集团为追求资产的盈利性，以超过其资金实力十几倍的规模投资于一个自己生疏、资金周转周期长的房地产行业，使公司有限的财务资源被冻结，从而使公司的资金周转产生困难，并因此而形成了十分严峻的资产盈利性与流动性矛盾。

巨人集团从事房地产开发和建设，却未向银行申请任何贷款，不仅使企业白白浪费了合理利用财务杠杆作用给企业带来效益的可能性，而且也使企业因放弃举债而承担高额的资本成本。最后使企业在资产结构与资本结构、盈利性与流动性的相互矛盾中陷入难于自拔的财务困境。

任何一项业务领域，要获得利润需要一定的生命周期——投入期、成长期、成熟期、衰退期或重新成长期。任何一项业务，若要成功，都会或长或短经历生命周期，我们尽量压缩投入、衰退期，延长成长、成熟期，以此来获得更多的现金流和利润。

（案例来源：中国营销传播网 http://www.emkt.com.cn）

案例三

多元化或专业化经营：核心竞争能力的矛盾问题

格力电器——新能源产业的嵌入

1991年，格力电器在“冠雄塑料厂”和“海利空调器厂”合并的基础上正式成立。当时的公司只有一条年产量不超过两万台窗式空调的生产线，各方面资源缺乏，要发展困难重重。凭着艰苦奋斗的精神，格力电器终于走出了困境，并且走在了行业的最前头，尽显专业化的强大优势。2004年，格力电器成功收购凌达压缩机有限公司。压缩机是空调的核心部件。此项收购使格力电器掌握了行业发展的重要战略资源。对上游产业的控制，扫除了格力电器发展路上的一只拦路虎。强劲的产业链加强了格力电器的核心竞争力，同时也巩固了其在空调行业的龙头地位。2008年，格力电器全面切入了空气能热水器的生产，正式迈开了多元化脚步。发展新能源产业，是社会进步、人民生活水平不断提高的需要。新能源产业的竞争优势和发展潜力是格力选择空气能热水器行业的主要原因。格力电器的发展让我们看到专业化发展优势的同时，也体现了新能源产业的魅力。

诺基亚——高科技领域的不断创新

在诺基亚的故乡芬兰，手机的普及率高居全球前列。诺基亚做过制药、家用电器、计算机、传呼机等一系列产业。1992年，在CEO奥利拉的领导下，诺基亚进行了大刀阔斧的改革，把业务的重点放到电信上来。这次改革推动了诺基亚移动通信业的大力发展。诺基亚在全球拥有大量的手机专利，做手机的任何一个部件，都会碰到诺基亚的专利。诺基亚不仅靠出售手机赚钱，而且靠转让手机的技术赚钱。在2011年的《财富》全球最大五百家公司排行榜上，诺基亚居第174位。诺基亚的战略改革发生在以核心业务为主的专业化经营模式的发展阶段。

（1）诺基亚的专业化战略，使公司把全部的资源集中于发展移动通信行业，避免了多行业发展造成的资源供应不足，也积极推动了移动通信行业向“高、精、尖”的方向发展。

（2）诺基亚把企业经营与开发的重点放在价值链最具优势的环节上，这使诺基亚牢牢把握住了极具优势的核心竞争力。高科技产业的竞争优势和发展潜力，为诺基亚的成功创造了良好的外部环境。面对目前竞争激烈的手机市场，诺基亚面临着巨大的挑战，其专业化的经营模式将在竞争中经受考验。

经营启示

企业核心能力是企业的一项竞争优势资源和企业发展的长期支撑力，是企业面对市场变化作出反应的能力。尽管企业之间的竞争通常表现为核心能力所衍生出来的核心产品、最终产品的市场之争，但其实质归结为核心能力之间的竞争。企业只有具有核心竞争力，才能具有持久的竞争优势。企业必须首先有一个具有竞争力的核心产品，围绕核心产品、核心能力和竞争优势再考虑是否应该多元化经营。没有根植于核心能力的企业多元化经营，又不能在外部扩张战略中培植新的核心能力，最终结果可能是把原来的竞争优势也丧失了。

（案例来源：中国知网 http://www.cnki.net）

附　录

ERP

案 例

附录一

团队展示结果评分表

团队编号	团队名称	分值				合计
		团队名称（1～5分）	团队口号（1～5分）	团队 Logo（1～5分）	团队士气（1～5分）	
1						
2						
3						
4						
5						
6						
7						
8						
9						
10						

评分团队 CEO 签名：

九组市场预测图

一般根据企业的实际情况可以比较准确地预计 1～3 年的需求情况，但由于市场存在很大的不确定性，4～7 年的预计只能作为一个参考，可能蕴涵很大的变化性。

以下是各种产品在不同市场的需求量和单价的预测图，可以据此制定企业未来的发展战略。

1. 产品市场容量预测

图 1 表示未来 Beryl、Crystal、Ruby、Sapphire 四种产品的发展趋势。

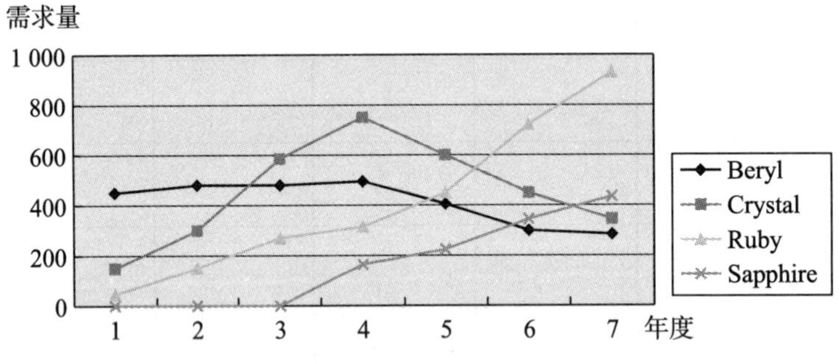

图 1 各产品市场容量发展趋势图

2. 本地市场产品需求量和单价预测

Beryl 是一个成熟的产品，未来 4 年内本地市场上需求较大，但随着时间的推移，需求可能迅速下降。Crystal 在本地市场的需求呈上升趋势。Ruby 和 Sapphire 的需求量在第四年后均匀放大。不管哪种产品，未来都可能会要求企业具有 ISO 认证资格。

从价格预测图可见，Beryl 的单价逐年下滑，它的利润空间越来越小；Crystal 在未来 4 年内利润空间在上升，Crystal 的单价在经营的第五年之后急剧下降；随着产品的完善，Ruby 和 Sapphire 的价格会逐步提高，处于升势，如图 2 所示。

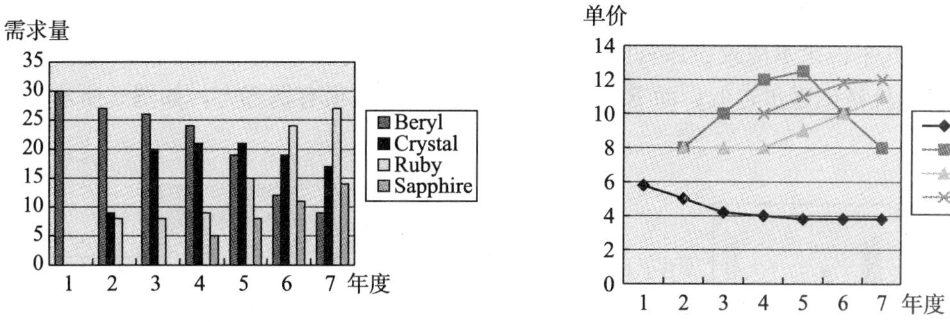

图 2　本地市场产品需求量和单价预测图

3. 区域市场产品需求量和单价预测

区域市场的需求量相对本地市场来讲，容量不大，而且对客户的资质要求相对较严格，供应商可能要求具备 ISO 资格认证（包括 ISO9000 和 ISO14000）才可以允许接单。

由于对供应商的资格要求较严，竞争的激烈性相对较低，价格普遍比本地市场高，如图 3 所示。

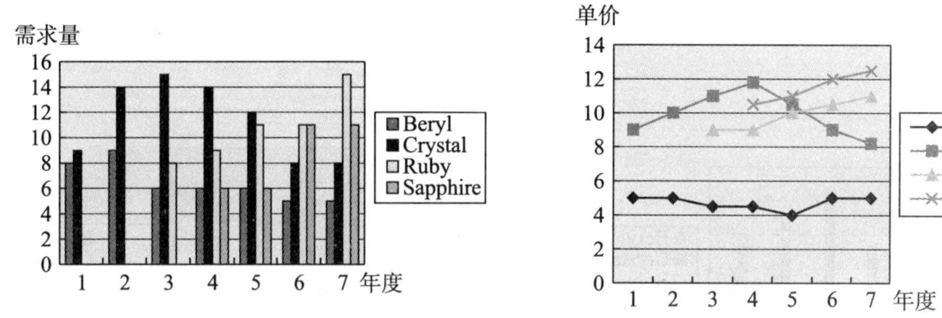

图 3　区域市场产品需求量和单价预测图

4. 国内市场产品需求量和单价预测

Beryl、Crystal 的需求逐年上升，第四年达到顶峰，之后开始下滑。Ruby、Sapphire 需求预计呈上升趋势。同时供应商也可能要求得到 ISO9000 认证。

与需求量相类似，Beryl、Crystal 的价格逐年上升，第四年达到顶峰，之后开始下滑。Ruby、Sapphire 单价逐年稳步上升，如图 4 所示。

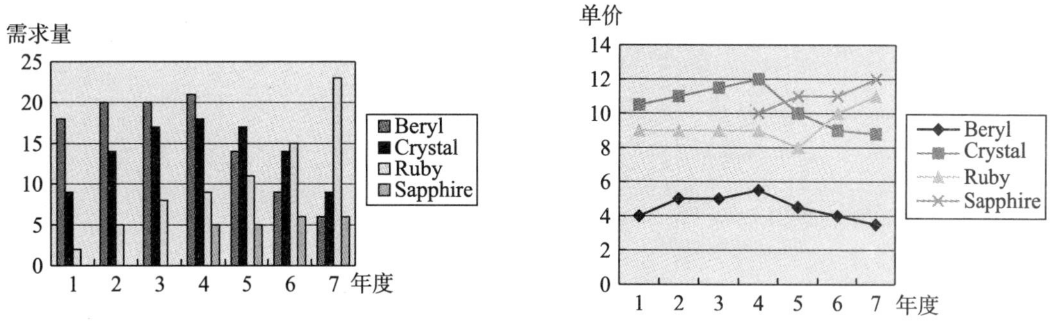

图 4　国内市场产品需求量和单价预测图

5. 亚洲市场产品需求量和单价预测

所有产品几乎都供不应求。Beryl 在亚洲市场的价格相对于本地市场来说，没有竞争力；Crystal 的价格也逐步走低；而 Ruby 和 Sapphire 的价格很有诱惑力，如图 5 所示。

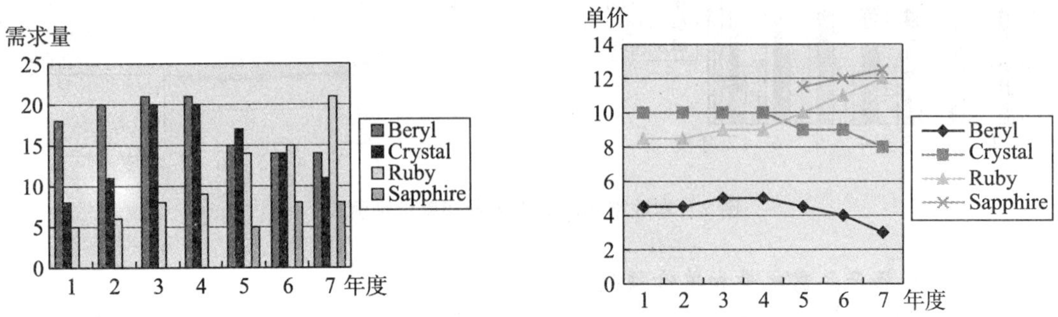

图 5　亚洲市场产品需求量和单价预测图

6. 国际市场产品的需求量和单价预测

Beryl 的需求量非常大；Crystal 和 Ruby 需求在逐年上升。在国际市场上，Beryl 和 Crystal 的价格小幅攀升，利润空间增大；Ruby 和 Sapphire 的价格变化趋于平缓，如图 6 所示。

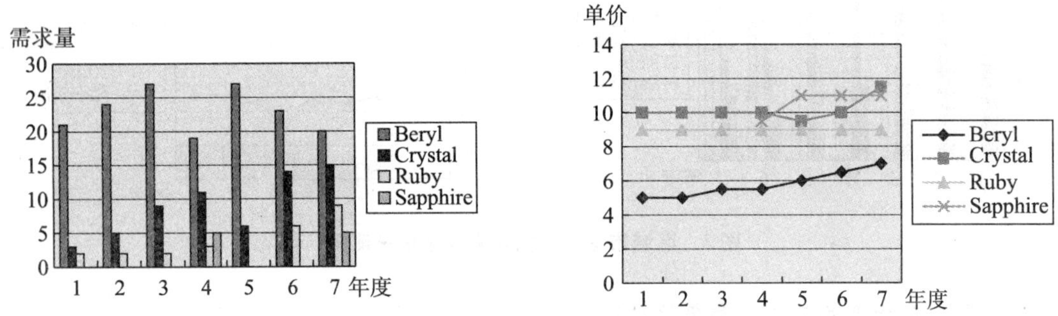

图 6　国际市场产品需求量和单价预测图

附录三

广告投放单

年度	产品 / 广告费 / 市场类型	Beryl	Crystal	Ruby	Sapphire
第一年	本地				
	区域				
	国内				
	亚洲				
	国际				

年度	产品 / 广告费 / 市场类型	Beryl	Crystal	Ruby	Sapphire
第二年	本地				
	区域				
	国内				
	亚洲				
	国际				

年度	产品 / 广告费 / 市场类型	Beryl	Crystal	Ruby	Sapphire
第三年	本地				
	区域				
	国内				
	亚洲				
	国际				

年度	产品 / 广告费 / 市场类型	Beryl	Crystal	Ruby	Sapphire
第四年	本地				
	区域				
	国内				
	亚洲				
	国际				

年度	产品 / 广告费 / 市场类型	Beryl	Crystal	Ruby	Sapphire
第五年	本地				
	区域				
	国内				
	亚洲				
	国际				

年度	产品 / 广告费 / 市场类型	Beryl	Crystal	Ruby	Sapphire
第六年	本地				
	区域				
	国内				
	亚洲				
	国际				

附录四

重要经营规则汇总

一、生产线规则

表 1　　生产线费用与周期规划表

名称	购买价格	安装周期	生产周期	转产周期	转产费用	维护费	出售残值	搬迁周期
手工生产线	5M	1Q	3Q	无	1M/年	无	1M	无
半自动生产线	10M	2Q	2Q	2M	1M/年	1Q	2M	无
全自动生产线	15M	3Q	1Q	6M	2M/年	2Q	3M	1Q
柔性生产线	25M	4Q	1Q	无	2M/年	无	5M	1Q

（1）不论何时出售生产线，出售价格为残值，净值与残值之差计入损失。

（2）只有空生产线方可转产。

（3）当年建成的生产线需要交维护费。

（4）折旧：当年建设完成的生产线计入在建工程，当年不提折旧；生产线折旧按生产线购买价格的 1/5 向上取整计算折旧，如（10/5）=2。

（5）生产线完成折旧后，可以继续使用，不用提取折旧。

二、融资规则

表 2　　融资渠道表

贷款类型	贷款时间	贷款额度	年息	还款方式	备注
长期贷款	每年年末	所有长、短期贷款之和不超过上一年所有者权益的 2 倍	10%	年末付息，到期还本	长期贷款为 10M 起贷，短期贷款 20M 起贷。长期贷款最长期限为 6 年，最短为 1 年
短期贷款	每季度初		5%	到期一次还本付息	
高利贷	任何时间		20%	到期一次还本付息	10M 起贷
贴现	任何时间	可部分贴现；按贴现率额度贴现最划算	1Q：1/12 2Q：1/10 3Q：1/8 4Q：1/6	贴息部分放入盘面的"贴现"处；剩余的金额进入"现金"区	

三、厂房规则

表 3　　厂房信息表

名称	购买价格	租金	出售价格	容量
新华厂区	40M	6M/年	40M（2Q）	4 条生产线
上中厂区	30M	4M/年	30M（1Q）	3 条生产线
法华厂区	15M	2M/年	15M	1 条生产线

（1）厂房可以随时出售得到对应账期的应收账款或者现金，紧急情况下可以厂房贴现，直接得到现金。

（2）厂房可以随时租赁，租赁不满 1 年按照 1 年计算租金。

（3）购买厂房或者交付租金只能在每年年末的规定时间。

（4）厂房不提折旧。

四、市场开拓规则

表 4　　　　市场信息表

名称	开发费用	开发时间
本地	无	无
区域	1M/年	1 年
国内	1M/年	2 年
亚洲	1M/年	3 年
国际	1M/年	4 年

（1）各市场可同时开拓，市场开拓完毕才能竞争该市场的订单。

（2）开发费用按开发时间平均支付，不允许加速投资。资金短缺时可随时中断或终止投入。

（3）所有已进入过的市场，每年需投入 1M 的市场维护费用，否则视为放弃该市场。

五、ISO 资格认证规则

表 5　　　　ISO 资格认证表

名称	开发费用	开发时间
ISO9000	1M/年	1 年
ISO14000	1M/年	2 年

（1）不允许加速投资，但可以中断投资。

（2）开发完成后，领取相应的资格证。

六、产品研发规则

表 6　　　　产品研发信息表

名称	开发费用	开发时间	原材料构成
Beryl	0	0	M1
Crystal	1M/Q	1 年	Beryl+M2
Ruby	2M/Q	1.5 年	M2+2M3
Sapphire	2M/Q	2 年	M2+2M3+M4

开发费用平均支付，不允许加速投资，但可以中断投资。

七、加工费

表 7　　产品加工费用表

产品	手工生产线	半自动生产线	全自动生产线	柔性生产线
Beryl	1M	1M	1M	1M
Crystal	2M	1M	1M	1M
Ruby	3M	2M	1M	1M
Sapphire	4M	3M	2M	1M

八、原材料设置

表 8　　原材料信息表

名称	购买单价	提前期
M1	1M	1Q
M2	1M	1Q
M3	1M	2Q
M4	1M	2Q

九、一次性采购付款规则

表 9　　一次性采购原材料付款规则列表

原材料采购数量（同种物料）	账期
≤4 个	现金
5～8	1Q
9～12	2Q
13～16	3Q
≥17 个	4Q

原材料采购必须是同一种原材料。

十、其他说明

（1）紧急采购，付款即到货，原材料价格为直接成本的 2 倍。

（2）选单规则：上年本市场本产品销售额最高（无违约）优先；然后参考本市场本产品的广告额。

（3）破产标准：权益为负，现金流断裂。

（4）交单可提前。

（5）违约金、贴现费用、税费、生产线折旧均为向上取整，出售原材料库存向下取整。

附录五

运营表格填写分工与时间安排

表 10

事项	表格名称	主要填写人
解读市场预测图	1～6 年按需求量排名位于前两名的产品表	全体人员（课前完成）
	1～6 年按价格排名位于前两名的产品表	全体人员（课前完成）
	本地（区域、国内、亚洲、国际）市场 1～6 年产品价格表	全体人员（课前完成）
	本地（区域、国内、亚洲、国际）市场 1～6 年产品需求量表	全体人员（课前完成）
	本地（区域、国内、亚洲、国际）市场每组在 1～6 年可获得的平均产品数量	全体人员（课前完成）
	Beryl（Crystal、Ruby、Sapphire）在 1～6 年的产品总需求量	全体人员（课前完成）
	Beryl（Crystal、Ruby、Sapphire）产品在 1～6 年的每组平均可供应量	全体人员（课前完成）
	企业市场与产品规划	全体人员（课前完成）
年度经营	企业运营过程表	企业总裁
	运营规划表	全体人员
	企业产量预估	生产总监
	产品库存登记表	采购总监
	可销售量估计表	生产总监、营销总监
	广告费投放登记表	营销总监
	获取订单登记表	营销总监
	原材料采购计划表	采购总监
	资金预算表	财务总监、财务助理
	资金筹资计划表	财务总监、财务助理
	运营结果信息记录表	企业总裁
	现金流量表	财务总监、财务助理
	财务报表（综合费用表、利润表、资产负债表）	财务总监、财务助理
其他	团队展示结果评分表	全体人员

团队信息

团队名称：________________________

团队分工

企业总裁：________________

营销总监：________________

生产总监：________________

采购总监：________________

财务总监：________________

研发总监：________________

信息总监：________________

团队口号：________________________

团队 Logo

附录七

实验报告模板

课程名称：

<table>
<tr><td>实验编号
及实验名称</td><td colspan="3"></td><td>系　别</td><td></td></tr>
<tr><td>姓　名</td><td></td><td>学　号</td><td></td><td>班　级
组　号</td><td>班
第　组</td></tr>
<tr><td>实验地点</td><td></td><td>实验日期</td><td></td><td>实验时数</td><td></td></tr>
<tr><td>指导教师</td><td></td><td>同组其他成员</td><td></td><td>成　绩</td><td></td></tr>
<tr><td colspan="6">一、实验目的及要求
1. 目的：
2. 要求：</td></tr>
<tr><td colspan="6">二、实验环境及相关情况（包含使用软件、实验设备、主要仪器及材料等）</td></tr>
</table>

三、实验内容及步骤（包含简要的实验步骤流程）
四、实验结果（包括程序或图表、结论陈述、数据记录及分析等，可附页）
五、实验总结（包括心得体会、问题回答及实验改进意见，可附页）
六、教师评语

附录八

物理沙盘测试习题

一、选择题（5 题，每题 1 分，共 5 分）

1. 全自动生产线第一年第二季度开始持续安装，________建成，________开始交维护费，________开始计提折旧。
   A. 第一年第四季度，第一年年末，第一年年末
   B. 第一年第四季度，第一年年末，第二年年末
   C. 第二年第一季度，第一年年末，第一年年末
   D. 第二年第一季度，第二年年末，第三年年末
2. 手工生产线生产 Crystal 产品，直接成本是________。
   A. 2M　　B. 3M　　C. 4M　　D. 5M
3. 已拥有的法华厂在第一季度因资金紧张卖出，第三季度资金充裕，决定再次买回法华厂，年末交付租金________。
   A. 0M　　B. 1M　　C. 2M　　D. 3M
4. 企业第三季度 Ruby 需要交货（6×10M=60M），现有库存为 5（2 条半自动生产线生产，3 条全自动生产线生产），决定向其他企业购买 1，协商后价格定为 12M，该张订单的成本为________，毛利为________。
   A. 30M，30M　　B. 24M，36M　　C. 34M，26M　　D. 32M，28M
5. 手工生产线生产一批产品需要________个季度，如果在第一季度开始生产，第________季度产品下线，持续生产，下一年第________季度又有产品下线。
   A. 三，四，三　　B. 三，三，二　　C. 三，三，三　　D. 三，四，四

二、判断题（请判断是与否，15 题，每题 1 分，共 15 分）

1. 对已进入的区域市场，第三年选择不投放广告，第四年仍然可以选择继续投放广告。
   （　　）

2. 亚洲市场开发需要 3 年共 3M。从第二年年末选择开发该市场投入 1M，第三年因资金紧张，选择中断开发，第四年年末开发费一次投入 2M，开发完成。(   )
3. 只要在某个市场投放广告费 3M，就可以领取两张订单。(   )
4. 第一年年末第一小组取得本地市场 Beryl 产品的市场领导者地位，该组拥有第二年 Beryl 产品区域市场的订单领取优先权。(   )
5. 一张销售订单注明：账期 2Q，交货期 Q2，经检查有存货，现决定 Q1 交货，该笔应收账款第三季度收现。(   )
6. 如果市场领导者有违约情况，则本市场销售额排名第二者上升为领导者。(   )
7. 原材料订单到期必须采购入库。(   )
8. 赊购时不同的原材料可以统一计算一次采购量。(   )
9. 租赁厂房每年年末支付租金，不满一年租赁期也按照一年收取租金；如果年末已决定购买的厂房不需要交纳租金。(   )
10. 已拥有的新华厂房决定卖出，售价 40M，直接转为现金使用。(   )
11. 生产线转产是指由生产一种产品转为生产另外一种产品，生产线上有在制品不允许转产。(   )
12. 生产线按照安装周期平均支付购买价格，不允许加速投资，但可以中断。例如，全自动生产线第一季度投资 5M，第二季度中断，第三季度只能投资 5M，第四季度再投资 5M。(   )
13. 在贷款额度范围内，可以自由选择长期贷款、短期贷款、高利贷。(   )
14. 产品研发完成前，也可以建设该项产品的生产线，但不允许生产。(   )
15. 第六年经营结束后可以卖掉所有设备净值余额为残值的生产线，节省维护费，增加所有者权益，因而增加最后总成绩。(   )

三、填空题（4 题 10 空，每空 1 分，共 10 分）

1. 柔性生产线当年第一季度建成开始投入生产，第________季度产成品下线，当年该柔性生产线共有________批产成品下线。
2. 一条半自动生产线设备净值余额 6M，现卖掉，现金流入______M，设备净值减少______M，营业收益________M，损失________M。
3. 年末结账，当年利润 150M。若以前年度利润为－180M，应交税金________M；若以前年度利润为－100M，应交税金________M。
4. 将账期为 2Q 的应收账款转为现金，应支付贴现费比例为________。若拿 32 个贴现，有________个转为现金。

四、计算题（4 题，每题 5 分，共 20 分）

1. 企业拥有银行长期贷款、短期贷款、高利贷、应收账款贴现，卖厂房以及厂房贴现等几种不同的融资方式，试计算并比较其融资成本。
2. 假定 Beryl 产品库存为 0，如果想按时按订单交货，如何确定原材料的采购期与采购数量?

Beryl（Y1，本地）
4×4.3M=17M　ISO9000
账期：1Q　　交货：Q4

生产线以及产品在线情况如下图：一条手工生产线和一条半自动生产线。

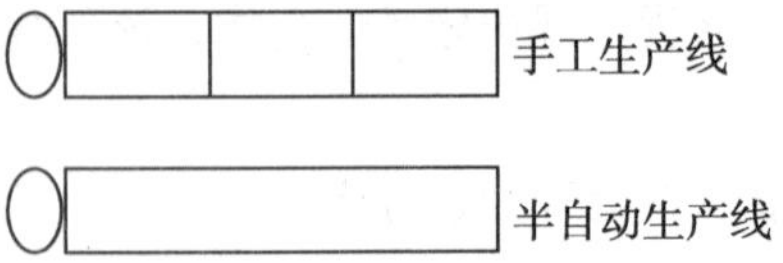

3. 某商业企业 2009 年度赊销收入净额为 2 000 万元，销售成本为 1 500 万元；年初、年末应收账款余额分别为 200 万元和 400 万元；年初、年末存货余额分别为 200 万元和 600 万元；年末速动比率为 1.2，年末现金与流动负债的比率为 0.7，假定该企业流动资产由速动资产和存货组成，速动资产由应收账款和现金组成，一年按 360 天计算。
(1) 计算 2009 年应收账款周转天数；
(2) 计算 2009 年存货周转天数；
(3) 计算 2009 年年末流动负债余额和速动资产余额；
(4) 计算 2009 年年末流动比率。
4. 某企业 2008 年的有关资料如下：年初资产总额为 250 万元，年末资产总额为 200 万元，资产周转率为 0.5 次。2009 年有关实务资料如下：年末流动比率为 2.0，年末速动比率为 1.2，存货周转率为 5 次，年末资产总额 200 万元，年末流动负债 35 万元，年末长期负债 35 万元，年初存货 30 万元。2008 年销售净利率为 21%，资产周转率为 0.8 次，存货周转率 5 次，该企业流动资产中只有货币资金、应收账款和存货。要求：
(1) 计算该企业 2009 年年末流动资产总额、年末资产负债率和净资产收益率；
(2) 计算该企业 2009 年年末存货、销售成本和销售收入。

五、思考题（5 题，每题 10 分，共 50 分）

1. 设计一种你认为满意的产品组合方式并阐述理由。
2. 设计一种你认为满意的生产线组合方式并阐述理由。
3. 企业运营过程中以销定产还是以产定销？
4. 厂房选择买还是租，选择新华厂、上中厂还是法华厂？
5. 根据杜邦模型讨论并分析提高资产回报率与提高股东权益回报率的方法。

参考文献

[1] 菲利普·科特勒. 营销管理. 梅汝和译. 上海：上海人民出版社，2005.
[2] 迈克尔·波特. 竞争优势. 陈小悦译. 北京：华夏出版社，2008.
[3] 郭国庆. 市场营销学通论. 北京：中国人民大学出版社，2006.
[4] 吴建安. 市场营销学. 北京：高等教育出版社，2004.
[5] 维瑟拉·R·拉奥. 战略营销分析. 北京：中国人民大学出版社，2006.
[6] 吴井红. 财务预算与分析. 上海：上海财经大学出版社，2010.
[7] 王清秀. 民主理财之路. 北京：中国金融出版社，2002.
[8] 王为人. 采购实务百问百答. 北京：中国物资出版社，2010.
[9] 童杰成. ERP 沙盘模拟教程. 北京：中国矿业大学出版社，2009.
[10] 马法尧. ERP 沙盘模拟训练教程. 成都：西南财经大学出版社，2009.
[11] 徐玄玄. 从两个典型案例看专业化经营企业的发展战略. 企业导报，2012 (16).
[12] 中国市场营销网 http://www.ecm.com.cn/
[13] 中国营销传播网 http://www.emkt.com.cn/
[14] 世界经理人网 http://www.ceconline.com/
[15] 中国网络营销网 http://www.tinlu.com/

教师信息反馈表

为了更好地为您服务，提高教学质量，中国人民大学出版社愿意为您提供全面的教学支持，期望与您建立更广泛的合作关系。请您填好下表后以电子邮件或信件的形式反馈给我们。

您使用过或正在使用的我社教材名称		版次	
您希望获得哪些相关教学资料			
您对本书的建议（可附页）			
您的姓名			
您所在的学校、院系			
您所讲授的课程名称			
学生人数			
您的联系地址			
邮政编码		联系电话	
电子邮件（必填）			
您是否为人大社教研网会员	□ 是，会员卡号：______ □ 不是，现在申请		
您在相关专业是否有主编或参编教材意向	□ 是 □ 否 □ 不一定		
您所希望参编或主编的教材的基本情况（包括内容、框架结构、特色等，可附页）			

我们的联系方式：北京市西城区马连道南街 12 号
中国人民大学出版社应用技术分社
邮政编码：100055
电话：010-63311862
网址：http://www.crup.com.cn
E-mail：smooth. wind@163. com